自己肯定感で子どもが伸びる

12歳までの心と脳の育て方

古荘純一

ダイヤモンド社

はじめに

私は大学で多くの学生と接していますが、相対的に恵まれた家庭で育った優秀な学生が多いと思います。加えて、まじめで謙虚で素晴らしい学生であると感じています。

ところが、いざ社会に出ようとしたときに、自信が持てず、慎重になり、壁にぶち当たってしまう学生が大勢います。就活で何社にもエントリーシートを出し、何社も面接試験を受けては落ちてしまう、就職してもすぐに辞める、再就職の決心もつかない……。このような話を聞くと本当に心が痛みます。それまで何ひとつ不自由なく過ごしてきたと思われる学生でも、じつは過去の些細な失敗体験を引きずっており、逆境や環境の変化に弱いのです。

その背景には、「自己肯定感」の低さが見られます。彼らがもっと「自己肯定感」が高まる生活をしてくれていればと、日常的に感じています。

「自分を表現するときに、自分の長所よりも短所ばかりを挙げる」
「自分の考えを堂々と主張することができない」

これでは家庭や学校では何とかなっても、社会で通用しません。就活で自信をもって自分の長所を相手に伝えられなければ、仕事のスタートさえ切ることができないのです。

自分をアピールするときに、大学生であれば自分の大学やそれまでにしてきたことについて、自信をもって伝えることが必要です。偏差値や他者からの評価ばかり気にするのではなく、自分がやってきたこと、そしてこれからやりたいこと、将来の計画などをじっくり考える、またそれらに自信をもつことが大切だと思います。

大学生以下の子どもにおいても、学校関係者は子どもの自信のなさ、意欲の乏しさなどを、「自己肯定感」の低さと感じているでしょう。人生のターニングポイントでは、「自己肯定感」が大きな強みになります。

ところが困ったことに「自己肯定感」は、一朝一夕に育《はぐく》まれるものではないのです。

かつて「自己肯定感」という言葉はそれほど見聞きする言葉ではありませんでしたが、近年では教育、心理、福祉の分野で注目され、日常会話でも耳にすることが増えました。文部科学省や内閣府も「自己肯定感」を高める方策を打ち出しています。関連の書籍も多く出版されており、「ほめる」「言葉がけ」「マインドフルネス」「非認知能力」などをコンセプトに「自己肯定感」を高めるノウハウを説いているものが多く見られます。

「自己肯定感」という概念はアメリカで生まれたもので、英語ではセルフエスティーム（self-esteem）といいます。日本ではそれが、自己肯定感、自尊感情、自己評価、自尊心、自己有用感などさまざまな言葉に訳されますが、本書では「自己肯定感」という言葉で広く捉えることにします。

私は小児科医であり、これまで30年以上、おもに子どものメンタルヘルスの臨床を行ってきました。同時に小児神経専門医として、子どもの疾患や症状、状態を、「脳科学」という視点で考えてきました。その経験から、うつや愛着障害が「自己肯定感」の低さと強く関係することもわかってきました。そして約10年前、『日本の子どもの自尊感情はなぜ低いのか?』(光文社新書)のなかで問題提起を行い、予想を超えて多くの反響をいただきました。これは調査結果をもとにその背景を分析した結果、日本の子どもの自尊感情が低いという事実を発表したものでしたが、それから10年たった今も状況が変わらず、むしろ悪化している現状に危機感を覚えています。

人は、生まれたときは誰も「自己肯定感」に問題はありません。もし赤ちゃんが自分自身で評価することができれば、「自己肯定感」は100点満点、すなわち、自分が生きていくために最高からのスタートになるということです。ところが、外部からの刺激が多すぎたり、親子の関係が緊張していたりすると、脳が育まれず「自己肯定感」も低下していきます。「自己肯定感」を感じるのは本人自身ですので、赤ちゃんのころに脳が適切に育まれていなければ、本人が自覚できる4~5歳ごろにはすでに「自己肯定感」が低いということになります。

脳が適切に育まれていても、思春期になると、自分の限界を感じて「自己肯定感」が若干低くなります。それでも自分のアイデンティティを保つことができれば、ある程度キープできると推測でき、実際に海外ではその傾向があります。しかし前著にも書きましたが、こと日本の子どもの場合は、10歳以降、思春期・青年期にかけて、「自己肯定感」が低い状態がずっと続きます。その一方で、ごくまれに「自己肯定感」が異常に高い子に出会うこともあります。「自己肯定感」は低いのも高すぎるのも問題があり、程よく育まれるのが理想です。日本では中学生という時期が非常に難しい状況にあるため、中学入学前の12歳という年齢が、「自己肯定感」を見直す大事な節目だと考えています。もちろん13歳以降に「自己肯定感」が育めないという意味ではありませんが、より難しくなるのは事実でしょう。

子どもの脳を育てる本、子どもの「自己肯定感」を育む本はいろいろありますが、両者を関連づけて述べている本はほとんどありません。そこで本書では、子どもの脳の発達のベースとして「自己肯定感」という視点をもつことが最重要であること、次に「自己肯定感」がなぜ重要なコンセプトであるのかを、私の臨床経験だけでなく、脳科学情報をふまえて説明していきたいと思います。さらに、子育てをしていれば誰もが通る、子どもとの難しい局面や日常生活に潜む地雷（睡眠、食事、宿題、スマホ問題など）をうまくクリアして、子どもを大きく伸ばす、親の接し方もご紹介します。

子どもが「自己肯定感」を持てるかどうかは、大人のちょっとしたかかわり方で変わってきます。

子どもがピアノを習っていたとしましょう。練習しても上達せず、先に進まないと、子どもは「うまく弾けない」「どうせ自分はダメだ」と思うかもしれません。そのようなときに、「もっとがんばれ」「次のレッスンではきっと弾けるよ」などと励ましても、「自己肯定感」は育まれません。まずは現在できていることを認める必要があります。

たとえば、1回練習したらシール1枚、シールが5枚たまれば次に進むという約束をしてみましょう。子どもは1枚でもシールがもらえると、「練習したことは認められた、少し先に進んだ」と実感することができます。シールが5枚たまれば、うまいへたに関係なく次の曲に進みます。そういうことが、子どもの「自己肯定感」を育むことになり、続けるモチベーションになります。上達方法としては正しくないという考え方もあるかもしれませんが、子どもの「自己肯定感」を保つには、あり得る方法です。

子どもが「自己肯定感」を持てる働きかけは、子どもの脳の発育にとって非常に重要なことです。日本の親は概して、子どもに愛情をもっているにもかかわらず、残念ながら子どもへの働きかけがうまくありません。これには謙虚を美徳とする日本社会の、負の側面が作用しているのではないかと感じています。

本書が子育てに悩む親御さんや、教師、保育士、保健師、心理士など子どもにかかわる方々に何らかのヒントになり、そのことで、日本の子どもたちの「自己肯定感」を育むことができればと願っています。

自己肯定感で子どもが伸びる　目次

第2章

子どもの脳と「自己肯定感」の関係

第3章

なぜ「自己肯定感」が子どもを伸ばすのか？

第４章

「自己肯定感」が高い子、低い子の違いって？

第5章

親の「聞く力」が子どもの「自己肯定感」を高める

第6章

日常の難しい場面で子どもの脳を傷つけない対応のヒント

［しつけ編］

［日常編］

第7章

生活習慣のなかにひそむ地雷を踏まない方法

第1章

そもそも「自己肯定感」って何ですか？

「自己肯定感」が高い人生はお得！

近ごろ、「自己肯定感」という言葉をよく耳にするようになりました。皆さんは「自己肯定感」に何かしら興味を持たれて、この本を手に取ってくださったことと思います。そこで質問です。「自己肯定感とは何か」と聞かれたら、説明できますか？なんとなく温かくていいいもののようなイメージはあっても、いざとなると何と言えばいいか、パッと言葉が出ないのではないでしょうか？

「自己肯定感」は本来、複雑な概念なのですが、ごく簡単にいうと、自分に自信を持っているということです。**ここでいう自信は、文字通り「自分を信じる」、「どんな自分も受け入れている」という意味の自信です。**同じ自信でも、何でもうまくできると思い込むような、いわゆる自信家の自信とは別物です。

新しいことに挑戦するとき、多くの人は「うまくいくのだろうか？」と不安がよぎります。それは当然のことです。このとき「自己肯定感」の低い人は、物事を始める前から自分を否定してしまうのです。

「うまくいくだろうか？　失敗したらどうしよう……」

「最後までできるか心配でたまらない」

自分で自分のことを否定してしまうので、実力の半分も発揮できないようなことが起こり、成果を上げられません。

反対に、**「自己肯定感」の高い人は、もしダメでもなんとかなると思える**ものです。

「やってみよう！　うまくいくかもしれない」

「うまくいかなくてもまた挑戦すればいいから、思いきってやってみよう」

とくに理由がなくてもポジティブなイメージをもつことで**１００％かそれ以上のパフォーマンスを発揮できる**のです。

〈事例〉
大坂なおみ
（プロテニス選手）

全米オープン、全豪オープンで優勝し、テニス界の女王となった大坂なおみ選手。

その大躍進の立役者が、サーシャ・バインコーチだったと言われています。（残念ながらコーチ契約は解消されましたが）

大坂選手は試合でポテンシャルの高さは示すものの結果を残すことができず、成績が伸び悩んでいました。メンタル面が不安定で、すぐにネガティブ思考に陥ってしまう彼女に、サーシャ・バインコーチは普段からポジティブな言葉をかけ続け、ポジティブな態度を貫いていたといいます。

彼女はもともと、失敗するとくよくよ考えてしまうところがありましたが、「練習がすごく楽しくなった」と感じるようになり、精神的に安定して、実力も結果も出せるようになったのです。

同じ能力を持っていても、失敗をイメージして不安を抱えながら取り組むのと、未来の成功を信じてまっすぐ取り組むのとでは、結果がまったく違ってきます。

「自己肯定感」が高い人は、**仮に失敗しても、未来を前向きに考える**ことができます。

「今回は力が及ばなかったけれど、自分には越える能力がある」

そして**挑戦し続け、いずれは自分の目標を達成する**ことができるのです。

「自己肯定感」が高ければ、失敗も成功に変えていけるので、**人生で得られるものが自然と多くなります。**「自己肯定感」の高い生き方と「自己肯定感」の低い生き方、どちらが生きやすいかは、一目瞭然でしょう。

人と比較するのではなくて、**今の自分をそのまま認めることができるのが、「自己肯定感」の高い人**です。

人と比較して得られた自信はもろく、とても壊れやすいものです。世の中には、上には上がいるので、自分より優れている人に会ったときに、そういう自信は粉々に崩れてしまうでしょう。**結果や他からの評価でなく、がんばった自分や努力した自分を認められることが重要**です。本当に自分のことを認めることができていれば心が安定しているので、人に不本意なことを言われても、はねのけるのではなく、受け入れることができるのです。

「自己肯定感」の高い人は、必要以上に自分を大きく見せる必要がありません。**すでに自分のことを自分で認めることができているため、心が満たされている**からです。

ところが、「自己肯定感」の低い人は、自分で自分を認められないので、人に認めてもらいたがったり、人にほめてもらいたがったりして、自分を大きく見せようとします。「誰かから認められたい」という承認欲求の強い人が、あなたのまわりにもいるのではないでしょうか。そういう人は、一見自信があるように見えても、じつは「自己肯定感」が低いのです。

自分は大事にされているという、根底の自信

「自己肯定感」が高いと、自分のよいところも悪いところも、どんな自分も認めることができるのです。それは今だけでなく、**将来にわたって自信の源となる、しっかりした心の土台**があるということです。心の土台がしっかりしていると、生きていく意欲や、やる気、前に進むエネルギーが生まれます。たとえ挫折を経験しても、折れずに立ち上がる、**心の強い大人になっていける**のです。

「自己肯定感」が高い人は「やればできる」という自信があります。「やればでき

る」という自信があれば、何事にも挑戦しようとします。困難や新しい体験であっても、身がすくむような高い壁ではなく、乗り越えることができる壁として見られるようになります。やってみて失敗しても、失敗から学ぶことができると前向きに考えるのです。そういう人は、**どんどん挑戦して経験を増やして、さらに自信をつけていきます。**

やればできるという**自信は、「やってみて、できた！」という小さな成功体験の積み重ね**によってついてきます。オランダの事例を紹介しましょう。

〈事例〉
オランダの小学校

以前、私がオランダで小学校を見学したときのことです。

校長先生に案内していただき、授業中のクラスにも入りました。授業中の子どもが生き生きしているのが印象的でした。すると授業を行っている先生が、子どもたちに向かって問いかけたのです。

「日本からのお客様が来ています。何かお話ししたい人はいますか？」

そうすると、何人もの子どもが手を挙げてくれました。そのなかの１人が言ったのです。

「ぼくは走るのが苦手で、競争するといつも負けていたので、みんなと相談して少し前からスタートすることにしたんだ。先生も認めてくれたよ。そうしたら勝ったり負けたりして楽しくなったよ」

平等（equal）をよしとする日本の学校では、まずできないことでしょう。このクラスではどうしたら公平（fair）になるのかを考え、苦手な子のハンディをなくすことを当然のように認めていました。「いつも負ける」という失敗体験を積み重ねることを避け、努力をすれば成功することもあるというレベルを設定して、成功体験を重ねさせる。このような積み重ねで「自己肯定感」を育んでいるのでしょう。

この子は次のような話もしてくれました。

「次のスポーツのときも、ぼくがルールを提案すると、先生が『よいルールだね』とほめてくれた。どうしたらみんなが楽しめるのか、いつも考えているんだ」

苦手があっても、その自分を肯定的に捉えて、対応を提案する。周囲もそ

れを認めてくれる。オランダと日本の子どもの「自己肯定感」の差は、調査するまでもなく明らかだと実感しました。

自信の話をもうひとつしておきましょう。自信にはいろんな種類のものがありますが、**「自分は大切にされている」という自信**は、「自己肯定感」の根底になる感覚といえるでしょう。

「自己肯定感」のもっとも基本的な条件は、「基本的信頼感」だといわれています。基本的信頼感は、赤ちゃんのときに芽生えるとても重要な感覚で、心と脳の発達の基礎となるものです。

赤ちゃんには、食事、排せつ、着替えなど、生きるための世話が必要で、多くの場合は親が行います。親から世話をされることで、**「自分は大切な存在」と感じ、「自分への信頼感」を獲得**します。「自分への信頼感」を獲得すると、自分を信じることができ、**必要以上に自分を責めないで物事をシンプルに捉える**ことができます。

赤ちゃんはこうした世話を受け、愛情を与えられることを通して**「この世界は信じ**

るに値する」と感じ、「他者への信頼感」も獲得します。「他者への信頼感」を獲得するようになると、**周囲の人々への警戒心をもたずに、素直に打ち解け**て、よい関係が築けます。

その後も身近な家族や友だち、先生などとの信頼関係のなかで、基本的信頼感はゆっくり育まれていくと考えられています。友だちを受け入れて良好な人づきあいができるようになるので、さらに「自己肯定感」は高まっていくでしょう。

ところが、基本的信頼感が作られる時期に自分の存在を否定されると、世の中がよきものとは思えず、自分自身を受け入れられず自分を否定し、自分を愛することができなくなってしまいます。そのため、親から虐待や暴力を受ける、愛されずに育つといった過去があると、「自己肯定感」の土台である基本的信頼感が抜けてしまい、「自己肯定感」は低くなってしまいます。

〈事例〉
A君
（9歳）

A君は9歳の男の子です。夜尿の相談で外来を受診しました。私は、年齢的にも夜尿はあせらずに様子をみることでよいと考えています。しかし、母親は、夜尿の処理が大変で困るということで、夜間はおむつをつけるなどの対応をし、夜尿があると叱責していたようです。

A君は母親の手伝いもできる、学校での成績もよい模範的な小学生ですが、母親には叱られてばかりで、「寂しい」「どうせぼくはダメなんですよね」と「自己肯定感」が低く、いろんなことに対しても「自信がない、できない」と答えていました。

A君は夫婦げんかが絶えない家庭で育ち、小学校に入学すると同時に、両親が離婚しています。離婚後は母親と妹の3人で暮らしていますが、幼い妹がいるため、「お兄ちゃんだからがまんしなさい」と言われ、母親に甘えることもできませんでした。母親は仕事で忙しく、A君は「そのくらいひとりでやれないの！」と叱られることが多かったということです。


「自分は大切な存在なんだ」「自分は愛されている」といった感覚が持てない「自己肯定感」の低い子どもは、自己卑下し、何事にも意欲を持てないことが多くなります。

また人とかかわることも苦手で、すぐにキレたりする場合もあります。

一方、子育てや教育に熱心な親に愛情をかけられて育っても、「自己肯定感」が低い子どももいます。

親に生活の一切を管理される、進路について厳しく注文をつけられる、成績が伸びないと反省させられて、さらに勉強を強いられる——。

教育に関する親のこのような態度は、子どもの「自己肯定感」を低くします。それまでさほど問題がないように思えても、成績が下がった、受験をするなどのきっかけで、子どもに対する要求レベルが一気に上がることもあります。親から過度に期待されたり、親の前でいいところだけを見せて本当の自分は隠しているという状態もまた、「自己肯定感」を低くしてしまいます。

「自己肯定感」は変えられるし、そもそも変動するもの

小さいころからよくない環境に置かれて「自己肯定感」が育ってこなかった子ども

は、もう自信を持つことはできないのでしょうか？　「自己肯定感」は一生変えることのできないものでしょうか？　答えはノーです。

脳には可塑性《かそせい》といって回復する性質があり、その後の他者のかかわり方によって、「自己肯定感」を育てることができるのです。一度失った自信を取り戻すなんて、そう簡単にできっこないと思われるかもしれませんが、大丈夫なのです。

児童養護施設での取り組みの例をご紹介しましょう。

近年の虐待の増加によって、施設に入所する子どもの約6割が虐待やネグレクト（育児放棄）の体験を持っています。

自立支援としてゲーム感覚のコミュニケーショントレーニングを行っているグループに協力していただき、その子どもたちにトレーニングの効果について実験を行いました。

約3カ月のトレーニング実施前と実施後の2回アンケートをとって両者をくらべてみると、実施後には「自己肯定感」の得点が大きく上昇していました。虐待を受けた子どもの「自己肯定感」は概してたいへん低いのですが、トレーニングによって彼らの

「自己肯定感」の得点が、一般の子どもたちと肩を並べるまでに上昇していたのです。

虐待を受けた子どもであっても、**人の話をよく聞き、自分の言葉で表現する練習や、自分を認められるという体験を積み重ねることで、「自己肯定感」が育っていく**ということです。

子どもの脳は、時間をかけてゆっくり発達していきます。「どうせぼくは……」「私なんか……」という否定的な言葉を口にすることが多く、何事にも意欲を持てない子どもであっても、**大人のかかわり方によって「自己肯定感」は育っていく**のです。

国内外の調査ではいずれも、「自己肯定感」は10代でもっとも低下し、その後上昇して60代もしくはそれ以降がもっとも高くなるという結果が得られています。また個人個人を年齢とともに追っていく調査でも、同じ結果が得られています。

日本の成人を対象とした調査でも、10代にかけて低下した「自己肯定感」は徐々に上昇し、60代もしくはそれ以降がもっとも高いという結果が得られています。

この結果をどう捉えるかについては、いろいろな意見があります。人は高齢期にな

日本人成人の「自己肯定感」

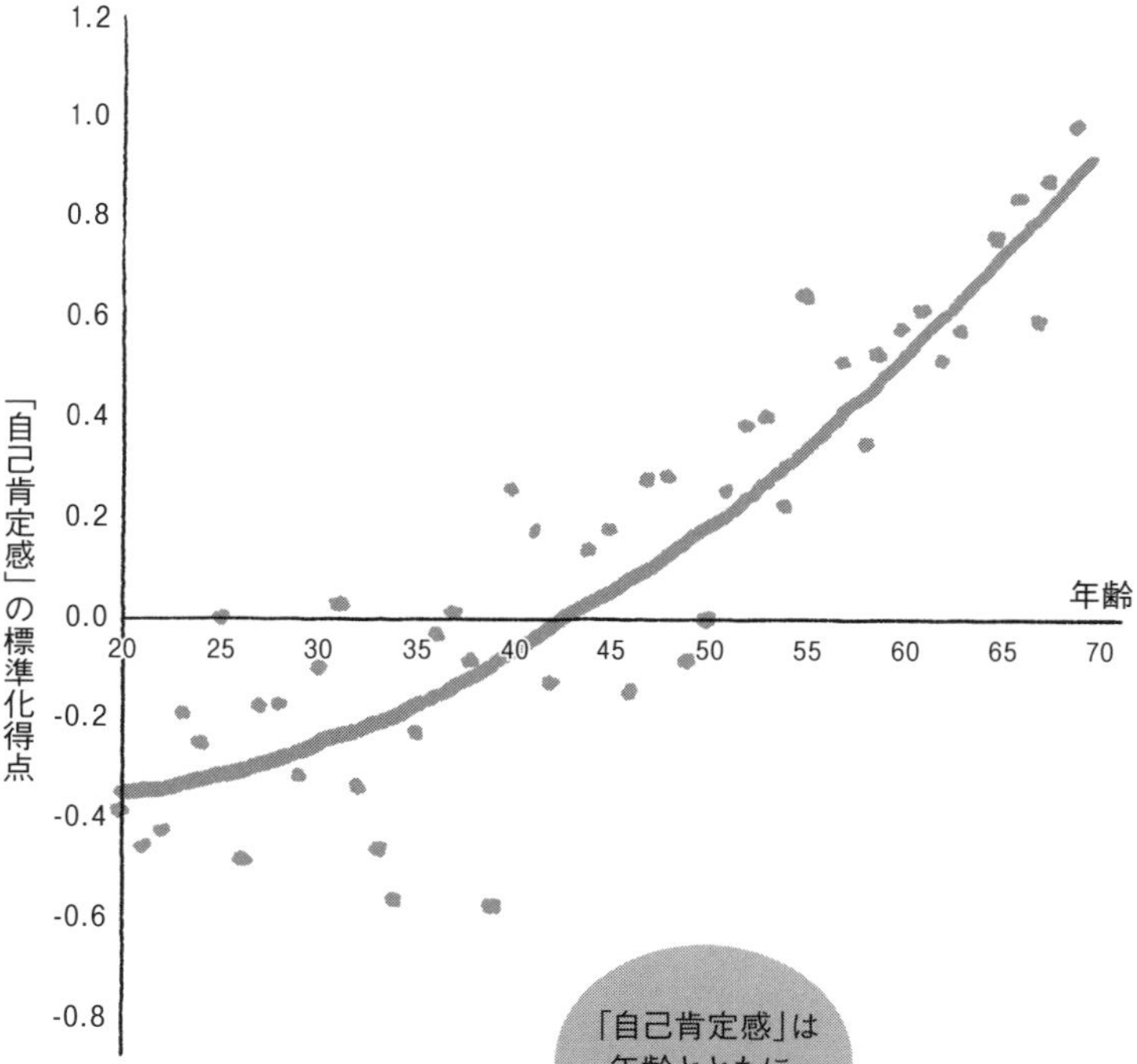

出典：日本教育心理学会　公開シンポジウム
「本物の自尊心を育むために」配布資料より
（早稲田大学・小塩真司教授提供）

ってやっと「自己肯定感」が高くなり、自分に満足することができるが、それまでは自分について比較的否定的な捉え方をしてしまう、といえるのかもしれません。

「自己肯定感」の高い元気なお年寄りが、自分の経験をもとに子育てに口を出したり、意見を言ったりすることがあります。そうなると子育て中の親も子どもも受け身体質となり、「自己肯定感」は下がってしまいがちです。60代以降の「自己肯定感」がもっとも高いという調査結果は、日本の育児の問題を暴いているのかもしれません。

また、最近の調査では、高齢者を除いた日本人の「自己肯定感」が以前より低くなっているという報告があります。「自己肯定感」の低下が、社会的弱者の排除や政治的保守化などに結びつくという意見もあります。日本人の「自己肯定感」が低いということは、共生社会や諸外国との関係にも悪影響を及ぼしかねません。

第2章

子どもの脳と「自己肯定感」の関係

自己を認識できてから、「自己肯定感」が生まれる

「自己肯定感」という感覚は、自分で自分を認識できるようになって初めて備わってくるものです。生後間もない赤ちゃんは自分を認識することができないので、「自己肯定感」もわかりません。

では、赤ちゃんが自分を自分だとわかるのは、いつごろからでしょうか？

生後3～4カ月くらいの赤ちゃんは、鏡に映る自分を、自分自身だとはわかっていません。鏡の中にいるのは別人だと認識しているので、鏡をたたいたり顔を押しつけたり相手をうかがう動作をすることがあります。だいたい**1歳半くらいから、鏡の中にいるのは自分自身だとわかる**ようになるのです。

自己の認識に関しては、他者とのかかわりの中で身につけていくものと言われています。

自己と他者を分けられるようになるのは、自我の芽生えである2~3歳のいわゆる「イヤイヤ期」と呼ばれるころからです。**親の言ったことに反抗するのは、しっかりと「自分」を持てるようになってきた証拠**なのです。

5歳くらいになると、親を含む周りの人と自分は違う存在だと境界線が引けて、**「自分はこれができる」「自分は○○ちゃんとくらべて走るのが苦手だ」といった自分を意識する気持ち**が生まれてきます。

これが**「自己肯定感」の芽生え**になります。

このときの親の声かけで、「自己肯定感」は高くもなり低くもなります。**「○○がじょうずね」という声かけがあれば「自分は○○がじょうずなんだ」と自分を肯定する**ことができますが、「何をやってもダメね」と言われたら、自分はダメだと思い込んで「自己肯定感」が低くなります。

少しだけ脳のしくみについてお話ししましょう。

脳は大きく分けて、外からの情報を受け取る（インプットを担当する）部位と、その情報を受けて自分で判断し行動する（アウトプットを担当する）部位に分けられます。

目や耳から入ってくる情報を受け取る部位は、脳の後ろ側にあります。生まれたときにはすでに機能することがわかっていますが、見たもの聞いたものが何なのかを判断することはまだできません。

生まれてから幼児期にかけて、この部位の機能は成熟していきます。幼児期には、受け取った情報の意味を理解してそのまま行動できるようになりますが、深く考えているわけではありません。

一方、受け取った情報をもとに判断する部位は、脳の前のほうにあります。なかでも、前頭葉《ぜんとうよう》のとくに前頭前野と呼ばれる部位は、思考や創造性をつかさどる脳の最高中枢であると考えられています。ヒトの脳は他の動物にくらべて前頭前野が突出して大きく進化しており、**「ヒトをヒトたらしめる脳」**といわれています。前頭前野はコミュニケーションや社会性とも関係しています。

ここはもっとも遅く成熟する脳の部位で、**小学生くらいから成長が始まり、20～25歳くらいにかけて成熟**していきます。

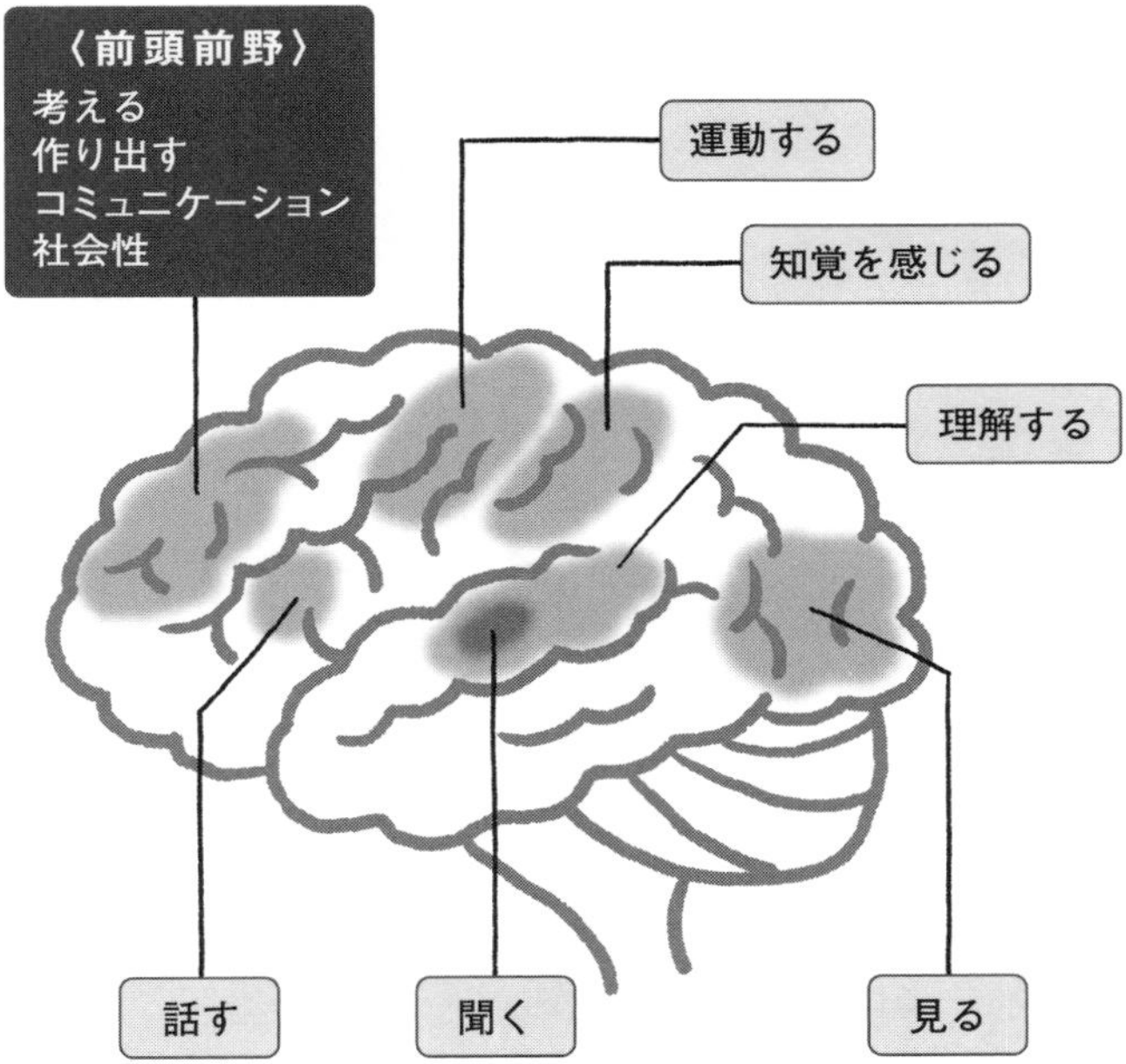
〈前頭前野〉
考える
作り出す
コミュニケーション
社会性
運動する
知覚を感じる
理解する
話す
聞く
見る

脳の発達の順序は
インプット（聞く、見る）から
アウトプット（考える、会話）へ

子どもの脳を傷つける親の言動とは？

子どもの行動の背景には、小さいころからの親の養育態度が大きく影響する例を、私は診療の場で数多く見てきています。

特殊な環境でなくても、両親がいつもけんかをしていれば、子どもたちは日常的に「怒鳴り声」や「キツイ口調」「厳しい顔」などの不快な情報を受け取っていることになります。さらに、子ども自身に怒りや罵倒が向けられた場合は、「恐怖の体験」としてさらに強い刺激になってしまいます。たとえ赤ちゃんであっても、光や音を感じることはでき、それが自分にとって心地よいものか、不快なものかは、本能的に判断できます。「怖い」「心配」という恐怖体験は、何が起こっているのか、またその背景については理解できなくても、記憶となって蓄積されるのです。

母親が父親から暴力を受けているＤＶ（ドメスティック・バイオレンス）のある家庭で育ち、人の怒鳴り声や暴力的なシーンを受け取り続けている子どもは、脳の特定領域の発達にブレーキがかかることが研究結果で示されています。

このような子どもたちの脳画像検査を行うと、視覚情報や聴覚情報の処理を担当する脳の後ろ側の部分に萎縮や損傷が見られることが報告されています。このことは、その後に発達する脳の中央部や前側の部分にも影響がでてくる、つまり発達にブレーキがかかるといえます。

恐怖体験をもつ人が、自分の感情を保つことが難しいのは、心理的な要因だけではなく、脳が傷ついているという物理的な要因もあることがわかってきたのです。とくに**小さい子どもの前では、穏やかな状態を保つ**よう大人が気をつけていただきたいと思います。

「自分でできた」という感情を持つことが重要

２歳くらいまでは、いろいろな情報を「教えられたとおり」「与えられたこと」として身につけることはできますが、自分に必要なものだけを記憶しておくことはできません。それは脳がまだ育っていないからです。まずは、その情報の中で、自分の興味のあるものに対して関心を持つようになります。目で物を追う、気に入った音には体を動かして反応する、気に入ったものに注目して指さしするなどです。

初めての情報や嫌な情報には、恐怖や不快を感じて泣き出すなどの反応があります。「人見知りをする」「大きな音を怖がる」などはそれにあたります。

この時期に、大人が楽しむ動画やゲームなどの情報にふれることは、子どもの脳の処理能力を超えてしまいます。また、自分のほうから興味のあるものに働きかける機会がなくなってしまいます。

暴言で子どもの脳が傷つくと前項でお話ししましたが、実体験でなくても、映像で残酷な場面を見る、暴力的な場面を見るなどの刺激を受け続けると、その刺激が強すぎて、本人にとって心地よい刺激に注目することができなくなります。ですから、**2歳くらいまでは、脳に入る情報を、周囲の大人が取捨選択する**ことが必要です。

赤ちゃんの脳を伸ばすには、**「見る」「聞く」「触る」「つかむ」「なめる」などの五**

感を育てることが重要です。赤ちゃんにとってはどれも初めての冒険や挑戦なので、**脳が大いに活性化**します。お話ができるようになったら、**親子で会話をすると、脳がさらに刺激されて活性化**します。赤ちゃんの目を見ながら声をかわし合ったり、笑顔で話しかけたりすることは、脳のインプットを担当する部分へのとてもよい刺激になるでしょう。

また、赤ちゃんの感情表現は、泣く、笑うなどの単純なものですが、徐々に「これは嫌だ」「これを続けたい」などの自分の意志に基づいて、ひとつの物事にこだわったり、指示に反抗したりすることが出てきます。この感情を頭ごなしに押さえつけると、赤ちゃんは自分自身の感情を表現することができなくなるので、意志を尊重しましょう。

2歳ごろから、脳の中に入った情報をもとに、さまざまな微細運動で自分の感情を表現するようになります。微細運動とは、お絵かきをする、おもちゃを使って遊ぶなど、自分の意志で行う、おもに指先を使った細かい運動のことです。

このときも、いくつかのおもちゃや道具から、**自分で選んで遊ぶ経験を持つことが重要**です。周囲の大人が次から次へと買い与えたり、ビデオや動画をずっと見続けたりすると、「自分で選んで遊んだ」という体験ができなくなります。

大人の目線ではなく、子どもの目線で考えてみましょう。物質的に、あるいは情報量として十分なものが与えられていることよりも、**子ども自身が「自分で選ぶことができた」「大人に認めてもらって達成感が得られた」などの感情を持ち、その感情を表現できる**かどうかのほうが重要です。

「自己肯定感」は、達成感を持つことによって育まれていきます。「やった！」「できた！」という体験をすることで、少しずつ自信が蓄積されてくるのです。

とくに**2歳くらいまでは、「他者からほめられる」ことで、自分の達成感を確認し**ていきます。周囲の大人が「楽しいね」「うれしいよ」「できたね」などの声をかけるときは、**多少オーバーなくらいの表情**を示しましょう。子どもには**評価されているというメッセージ**が伝わります。

「自己肯定感」が自覚できるのは5歳から

５歳くらいから、脳の前頭前野が発達してきます。注意を持続する、自分の行動をコントロールして集団に合わせるなどの社会性の発達が始まり、自問自答や内省をすることもできるようになります。「自己肯定感」という概念を子ども自身が持つことができるのも、前頭前野の発達が始まるこの時期からと考えられます。

前頭前野という思考系の脳の発達は、多くの感覚刺激と周囲の安定した感情で育まれていきます。そのため、５歳ごろまでにほどよいインプットがあり、感情表現が許されていた子どもの「自己肯定感」は高いと言えます。**自分のすることができたら喜ぶ、笑う、逆にできなかったら怒る、泣くなどの表現が自由にできる環境**にいた子どもです。

一方、よくない環境下で育って、不快な刺激を与えられ続けると、感情を表現できないまま育ち、自覚できる最初から「自己肯定感」が低いという事態になります。

小学校に入学してからの「自己肯定感」は、自分自身を他者と比較することによって育まれていきます。他者との比較は、何も外見や成績だけではありません。人の考えや行動を類推しながら、「自分はこういう行動はとれない」「自分にはそういう発想はなかった」など、内面的な比較も含めます。

心理学では「10歳の壁」と呼ばれる時期で、自分に対して肯定的な意識を持てず、劣等感を持ちやすくなる時期でもあります。幼児期までの万能感の高い状態を経て安定していく調節の期間といってよいかもしれません。これは諸外国でも共通した現象なのですが、日本人の場合は、思春期にかけてそのまま「自己肯定感」が下がり続けることが大きな特徴です。

日本では、初めから「自己肯定感」が低い子どもだけでなく、小学生以降に「自己肯定感」を育めない子どもも多く、「自分はこれでいいんだ」と思えない子ども、青年が増えています。日本の家庭や学校教育に問題はないかという疑問も生じてきます。

文部科学省が報告した、キレる子ども像

家庭、保育園、幼稚園、学校で「キレる」子どもが増えていることが問題となってきました。私は、キレるということは「自己肯定感」が育まれていないことと関係が

あると考えています。

〈事例〉
Bさん
（小学2年生）

Bさんは小学2年生の女の子です。ものごころついたころには両親の仲が悪く、つねにけんかをしていました。大声で怒鳴り合うこともしばしばで、Bさんは、家庭ではつねに委縮した状態であったということです。母親に甘えることもできず、「自己肯定感」が低い状態でした。

Bさんが小学校に入学する直前に両親は離婚。現在は母親が仕事をしながらBさんを育てています。

Bさんは母親を思いやり、また友だちとも仲よくできるのですが、人が約束の時間に少し遅れる、おもしろくない話を聞かされるなどのきっかけで、スイッチが入ったように怒りだします。「ぶっ殺してやる」などと、普段からは到底想像できない言葉を発し、その後キレた自分に気づいて落ち込むということをくり返しています。

Bさんには、スイッチが入りそうになったらその場を離れる練習をする、そのときの話を母親に聞いてもらうなどの対処を勧めました。その後、母親に話を聞いてもらえたことで落ち着きはじめ、キレることは減って、暴言を吐くこともなくなってきました。

文部科学省では、学校でキレる子どもが増える現象について、脳科学も含めて調査研究を行い、２００７年にその結果を報告しました。今までお話しした内容と重なる部分も多いのですが、そのポイントをふまえて紹介しておきます。

❶５歳までに必要なことは、愛着形成（十分に他者から愛されているという体験を持つこと）と、生活リズムの獲得ということです。これは先ほどお話しした、情報をインプットする脳の領域を育むということにも結び付きます。

❷インプットされる情報は、外から無秩序に入るものではありません。幼いときは周囲の大人が、大きな音や衝撃的な映像やシーンから守ってあげることも必要です。

発育に伴って、自分から興味を持ちながら情報収集することがポイントです。視覚情報であれば「自分で観察する」「探す」など、聴覚情報であれば「お気に入りの絵本を読んでもらう」「自分の好きな音楽を聞く」などです。

❸情動の形成には「乳幼児期教育」が重要となっています。この時期の教育で目指すのは「情動の安定」です。乳幼児教育は、一方的に与え続けるのではなく、子どもからの反応で「他人の気持ちを理解できるか」「自分の感情を表現することができるか」などを確認しながら進めていきます。情動の安定をふまえずに、パターン化した学習や、大人社会のマナーなどを学ばせることは、子どもにとって無意味なことです。

❹運動や感情をつかさどる機能は脳の中央部になります。ここは情報の伝達をつかさどる部分でもあります。情動の安定には、インプットされた情報をもとに、感情表現や運動表現ができることも重要です。

❺8歳をピークとして成人期まで脳の前頭前野は発達します。ここはアウトプットを担う場所になります。この時期には社会関係の正しい教育と学習が大切で、思春期以降まで長い期間をかけて育まれていきます。

❻脳の発達は、後ろから前の脳へと進むことが基本です。後ろの脳が育たなければ前の脳が育たない。それがキレる、情動が安定しないという社会問題につながっているのです。

今までお話ししたことと関連付けると、脳が健やかに発達すれば、情動も安定し、「自己肯定感」も育まれる。逆に、「自己肯定感」を育もうとすると、脳が健やかに発達するといえます。

「自己肯定感」と関連する神経伝達物質（ホルモン）

私たちが喜怒哀楽を感じたり、さまざまなことを考えたりするとき、脳内では「神経伝達物質（ホルモン）」が働いています。**親がわかりやすい表情をとることや、子どもに働きかけることにより、神経伝達物質が脳の中でよりよく働きます。**

代表的なものとして、セロトニン、ドーパミン、ノルアドレナリンがあります。

セロトニンは、気持ちをリラックスさせ、安心感や幸福感を与える神経伝達物質です。セロトニンは心身がスムーズに活動できる準備状態を作っているので、不足すると攻撃的になったり、不安やうつ、パニック発作などを引き起こしたりするといわれています。

ドーパミンは、喜びや快楽などを感じさせる神経伝達物質です。ほめられることで、脳の報酬系システム（何らかの欲求が満たされたときに活性化する脳の領域）からドーパミンが放出されて、その人が心地よい感覚を持てるという報告があります。不足すると、ものごとに無関心になったり、運動機能が低下したりします。

ノルアドレナリンは、恐怖や驚き、興奮などを感じさせる神経伝達物質で、精神的・身体的ストレスを感じたときに放出され、体を活動的にする交感神経の働きを強めます。ノルアドレナリンの働きが崩れると、不快さを感じたり、体に不調をきたしたりします。

これらの**3つの神経伝達物質の分泌のバランスがとれていると、脳の発達も促進**されます。

最近では、オキシトシンという物質も注目されています。オキシトシンはおもに人とのふれ合いで分泌されるホルモンで、幸せ感や、他者との絆《きずな》を感じることができます。乳幼児期のみならず大人になっても、**スキンシップや団らんをはかることで分泌される**といわれています。

十分な愛情を注ぐことが、脳を育む

小さな子どもは、周りの人の言動を自分自身の気持ちとして認識します。そのため、親など**身近な人からたっぷりと愛情を注がれると、自分自身も愛情豊かな気持ちを持つ**ようになっていきます。

このことは学問的には「愛着形成」と呼ばれています。愛着とは、養育者に対して

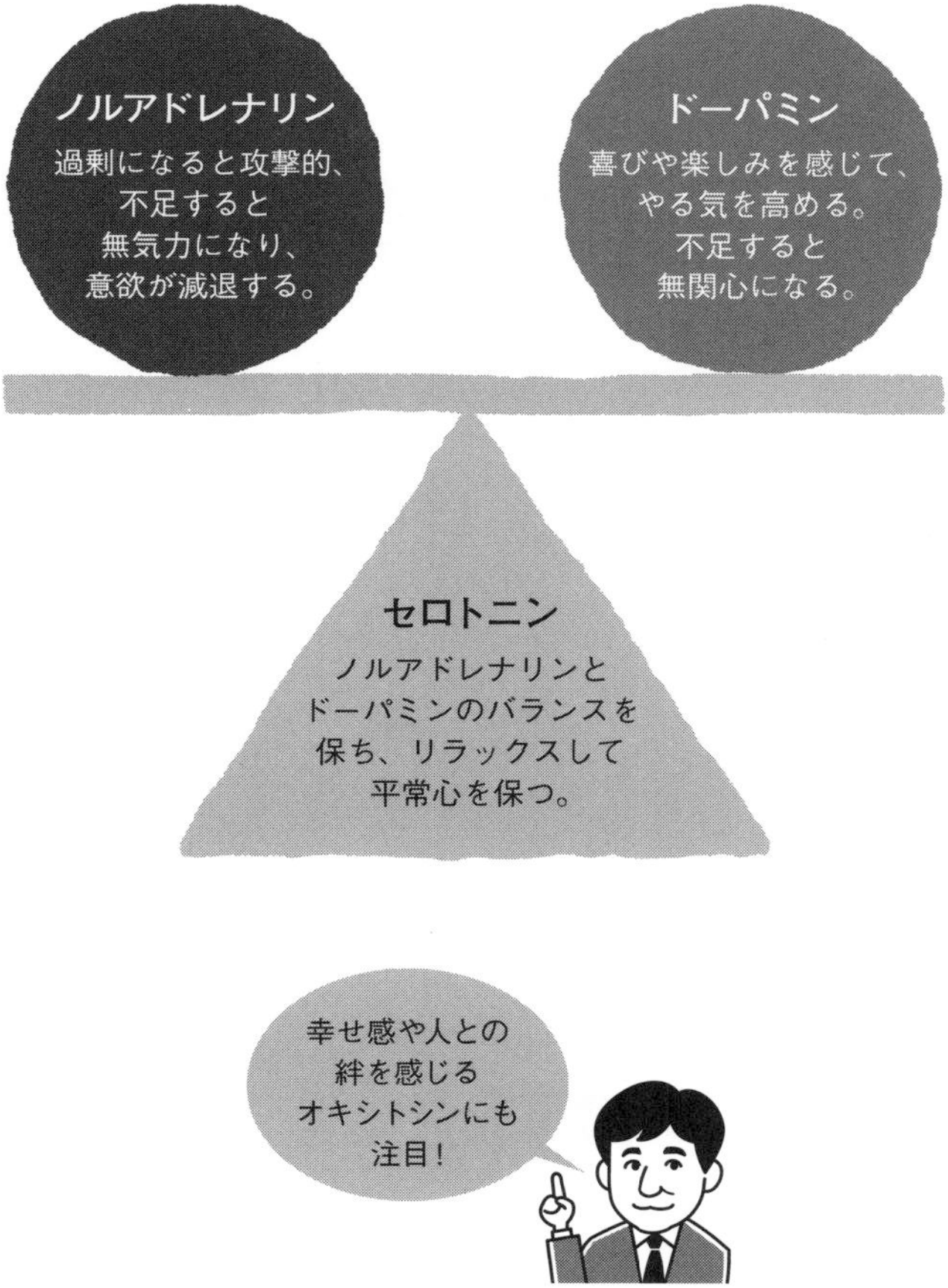
ノルアドレナリン
過剰になると攻撃的、
不足すると
無気力になり、
意欲が減退する。
ドーパミン
喜びや楽しみを感じて、
やる気を高める。
不足すると
無関心になる。
セロトニン
ノルアドレナリンと
ドーパミンのバランスを
保ち、リラックスして
平常心を保つ。
幸せ感や人との
絆を感じる
オキシトシンにも
注目！

の信頼の絆、あるいは特別の情緒的な結びつきを指します。安心、安全のある環境で、恐怖や不快を感じる脳の感情の領域が興奮しすぎないようにしながら、愛情の絆は育まれていくのです。

逆に、愛情を受けることなく育つと、「愛着障害」という状態になり、そのまま成長すると、人を愛するという感情が理解できない大人になっていきます。そしてもっとも身近な人間である自分自身を、客観的に理解することもできなくなり、自己を否定的に捉えてしまいます。このような「自己肯定感」が非常に低い状態を、診療の現場ではしばしば目にします。

事例を紹介します。ただし、個人情報の保護のため、細部を修正した架空の人物となることをご了承ください。

〈事例〉
Cさん
（16歳）

Cさんは16歳の女の子で、通信制の高校に在籍しています。頭痛があり時々パニックを起こすということで外来を受診しました。急に記憶が途切れて、昔のことが昨日のことのように鮮明によみがえる、という症状もあることがわかりました。話を聞いていくと、Cさんには非常につらい体験がいくつもあることがわかりました。

Cさんの父親はいつも母親を罵倒し、ときには暴力をふるっていました。Cさんと母親がつねに家庭でおびえた状態だったことは、想像に難くありません。Cさんが小学2年生のときに、両親は離婚しています。脳の発育に非常に重要な時期に、大声で罵倒されるという聴覚刺激、目の前で母親が暴力の被害を受けるという視覚刺激、加えて、お絵描きをしたりおもちゃで遊んでいても、父親の気分次第で一方的に抱っこされたり叱られたりすることがあり、「小さいときに楽しく遊んだ経験がない」と言っていました。

この時期は本来、家庭で安心して暮らし、家族団らんや、絵本やおもちゃで遊ぶことで、視覚、聴覚、そして体の感覚などに、ほどよい刺激が与えられて脳が発達します。また家族との愛着も形成されていきます。しかしCさんの場合は、不適切な過剰刺激が加わり続けていたことになります。

小学校ではいじめの被害に遭っていました。幼少期に楽しい経験がなく、周囲の子と話が合わない、また乱暴な男の子を見ると体が強張るなどで、クラスの輪に入ることが苦手でした。「冬眠している動物のようだ」と言われて、陰で「カエルの歌」を歌われるなどのいじめに遭っていました。学校を休みがちで、小学5年生からほとんど学校に通うこともできなくなりました。

さらに悪いことは続きます。中学1年のとき、痴漢被害に遭ったということです。そのときは「自分が悪いから？」「どうせ誰も話を聞いてくれない」と思ってしまい、すぐには母親に知らせることができませんでした。母親が告げられたときには数日たっており、被害の状況を確認すると、過呼吸になる、体が強張る、頭が働かなくなるなどの状態になり、母親には実際に被害に遭ったのかわからなかったということでした。いやなことは思い出したくないと、警察にも相談しなかったそうで、家族以外に痴漢被害の話をするのは、この診察が初めてだということでした。

つらい体験をくり返すことで突然その記憶がよみがえり、強い恐怖を感じることもありました。Cさんは、恐怖から逃れようと、処方された精神安定剤を何錠も飲んで、救急病院を受診したこともあったようです。救急病院の医師からは、「薬を大量に飲むのはダメだ、明日かかりつけの病院で診察を受けなさい」と指示されるも、「大量に服用したことを話したら薬がもらえなくなる。どうせ叱られるだけだ」と思い、そのときは受診につながりませんでした。
Ｃさんは自分に自信が持てず、すべて自分が悪いと考えてしまう、「自己肯定感」が極めて低い状況でした。このような状況では、たとえば救急病院での受診の勧めも受け入れることができません。Ｃさんは予想できないフラッシュバックの症状にも悩まされ、次のステップに進む前に「失敗体験」を積み重ねていきます。

Ｃさんにはまず、「Ｃさんは決して悪くない、自分でもつねにそれを意識しておこう」ということをはっきりと伝えました。さまざまな症状の出現には、「自己肯定感」の低さ、つまり脳が育まれていないことが背景にあります。脳が恐怖体験を記憶しており、それが処理できていません。Ｃさんには、薬で一気に治すことはできないことを伝え、些細なことでもよいので「よいこと」を蓄積していくこと、軽い運動をすることなどを勧めました。

Cさんの場合は、幼少期に脳に不要な強い刺激があった一方で、心地よい刺激が少ないといえます。ですから薬やカウンセリングなどよりも、本人の回復力を引き出すことで、よい将来が見通せるのではないかと考えています。Cさんは16歳ですが、幼児期に経験したことのない「楽しいこと」を今からでも経験してみることが脳を育むことになると考え、勧めました。たとえば、同年代の子どもが聞くような、リズミカルでアップテンポな曲よりも、ゆっくりとしたテンポの曲を聞いてみる。ネットゲームや学校のクラブ活動に参加するよりも、ひとりで粘土やブロック遊びをする、絵本を読む、などです。

そのことで不快な刺激に上書きできるかどうかもわかりませんが、いやな体験を受けたことは「過去の自分」として切り離すこと、そして、これからの自分をイメージできるために「自己肯定感」を持つことがポイントとなります。集団で行動するのであれば、どうしてもその集団に合わせることが必要となり、「自己肯定感」が低い人には容易ではありません。Cさんは、通信制の高校に在籍し、比較的ひとりでいる時間が長いので、周囲を気にすることなく試してみることができます。

その後、Ｃさんは少しずつ自信が持てるようになってきました。そして、「通信制高校を卒業後は、専門学校に通って保育士の資格をとりたい」と語ることも、できるようになりました。

第3章

なぜ「自己肯定感」が子どもを伸ばすのか？

伸びしろは「自己肯定感」で違ってくる

小学校に入る前から、お子さんに習い事をさせているご家庭は多いことと思います。子どもの将来を考えて、少しでも早期に、よい能力をつけておかねばということでしょう。

早くから行う英才教育がブームになったのは、カーネギー財団のレポート〝Starting Points〟（１９９４年）がきっかけだといわれています。子どもの知性が育つには、生まれてから3歳までが脳の発達の観点から重要と提唱されました。このレポート以降、幼児期を逃したら間に合わないという不安に駆り立てられた親は、子どもが3歳にならないうちに、知能開発など、さまざまな教育を受けさせるようになったのです。

早期教育とは、子ども本人の意志ではなく、親の意向で、一般よりも早い年齢から、文字や数、外国語、音楽、スポーツなどの教育を開始することをいいます。早期教育については、英才教育と賛同される一方で、多くの批判もなされてきました。

日本でも、小学校に上がる前にスイミング、ピアノ、英語、知育など、たくさんの習い事に通っている子どもたちがいます。幼児期の体験が脳の発達を促すといわれているため、教育は早ければ早いほうがいいと思われているからかもしれません。スポーツや芸術の分野では、早期からトレーニングを始めなければ一流にはなれないと言われています。

たしかに幼児期の環境によって、子どもたちのその後が変わってくるのは事実でしょう。ですが、いくつもの教室に通うことで、子どもの心身の緊張状態が続いて、疲労がたまるケースがあります。習い事の連続で子どもも親も大忙しになり、時間のゆとりがなくなっている傾向があります。

その反動か、最近では、**知力よりも生きていくための資質や人間性こそ大切**であるという考え方が注目されています。**「やり抜く力」「立ち直る力」「自制心」「好奇心」「チャレンジ精神」**など、人としてのよい資質のことです。

テストやＩＱなどの数値で表せる能力のことを「認知能力」と呼ぶのに対して、このような基本的な人間力は、**数値で表せない能力として「非認知能力」**と呼ばれています。

「非認知能力」は感情や心の働きに関連し、人生をよりよく生き抜くための能力とも言えますが、私は**「非認知能力」を支える心理的な基盤が「自己肯定感」**だと考えています。

子どもの自主性を尊重した、さまざまな体験によって生まれる「自己肯定感」の上にこそ、「非認知能力」を身につけていくことができるのです。先が見えないといわれるこれからの時代、**人生の伸びしろは「自己肯定感」でますます差がついてくる**でしょう。

「非認知能力」のある子があと伸びする

学校の成績はとても優秀だった人が、社会に出てからは今ひとつ振るわなくなることがあります。逆に、学生時代はパッとしなかったのに、社会人になってからチャンスをつかんで成功する人がいます。超一流大学を出ても、社会でうまく適応できずに引きこもりを続けている人もいます。

学校の成績と社会での成功が必ずしも一致しないことに、多くの人は気がついているると思います。最近の研究で、そこに**「非認知能力」が関係することが明らかになり、世界的に注目を浴びています。**

「非認知能力」が注目されるきっかけとなったのが、シカゴ大学のジェームス・Ｊ・ヘックマン（２０００年にノーベル経済学賞を受賞）による研究です。

ヘックマン教授は、アメリカのミシガン州にあるペリー幼稚園で就学前プログラムの研究を行っていました。このプログラムは、経済的な貧困層に該当する幼児を対象に実施されていたものです。プログラムを終えたあと、参加した子どものグループとそうでない子どものグループとを成人になるまで長期間追跡調査しました。対象の子どもたちを40歳時点でくらべた結果、高校卒業率、平均所得や生活保護受給率、犯罪率などに大きな差が現れたそうです。

就学前教育を受けた人たちは、受けなかった人にくらべて高校の卒業資格を持つ人の割合が高く、逮捕歴を持つ人の割合が低かったのです。また、月収２０００ドルを超える人の割合は約４倍、マイホームを購入した人の割合も約３倍ということがわかりました。

この研究は、幼少期の教育が学力以外にも好影響をもたらし、人生をよい方向へ導いていくことを示しています。さらに、乳幼児期などの早期教育で学習面を強化しても、IQの数値を短期間高めるだけで、長期的に高めることにはつながらないこともわかりました。

就学前教育を受けた子どもたちがもっとも伸ばしたのは、**学習意欲をはじめ、誘惑に勝つ自制心や、難解な課題にぶつかったときの粘り強さ**などの「非認知能力」だったのです。ヘックマン教授は、IQよりもこうした「非認知能力」のほうが、実際の社会生活では重要とされることを強調しています。

この研究が発表されたあと、アメリカだけでなく多くの先進国で、「非認知能力」が注目を集めることとなりました。その重要性が理解され、保育や教育の分野に考え方が浸透しています。日本でも、「非認知能力」を伸ばす取り組みが、教育の分野で始まっています。

「非認知能力」は持って生まれたものではなく、後天的に身につけることができるものである点も歓迎すべきことと言えるでしょう。「非認知能力」には、さまざまな要素が挙げられており、「自己肯定感」もそのひとつと数えられることもありますが、私は前述したとおり、**「自己肯定感」は、「非認知能力」のすべてを支える心理的な基盤だ**と考えています。

「自己肯定感」が高いと、素早く立ち直れる

多くの親が、困難にあったときにそれに打ち克って乗り越えていくメンタルの強さが重要であると思っていることでしょう。メンタルの強さに直結すると言われるのがレジリエンス（resilience）です。レジリエンスは心理学の用語ですが、「困難や苦境からの回復力」という意味です。

人は誰でも失敗や挫折、苦しい経験があるものです。落ち込んで心が折れてしまうこともあるでしょう。しかし、レジリエンスがある人というのは、むしろその**逆境を、大きく飛躍するチャンスに変えていく**ことができます。レジリエンスは「落ち込まない」「心が折れない」という強さではなく、**逆境から再起するしなやかな強さ**ということができます。逆境のなかでも素早くもとに戻る、立ち直る力があれば、人生に起

こるさまざまな困難や壁を乗り越えることができます。人がたくましく生き抜いて行くには、欠かせない資質でしょう。

「自己肯定感」は、レジリエンスを発揮するための心の土台にもなります。同じ状況に置かれても、すぐに立ち直れる人と、傷つきやすく立ち直りにくい人とでは、何がどう違うのかというと、ひとつにはものの見方が違います。

たとえば、コップの中に水が半分入っているとします。半分も入っていると見るか、半分しか入っていないと見るかで、その先が変わる。先行きの見通しの明暗に、大きく関係してくるのです。

先をどのように見通すかは、親のかかわり方が大きく影響します。**親が「大丈夫」「何とかなる」などの言葉をかけ、ポジティブなかかわり方をする**ことで、子どもは先を明るく見る発想を身につけていきます。先を明るく見ることができれば**「やってみよう」と思う力**もわいてきます。自分の力と未来を信じ、立ち直っていくことができるでしょう。正しい対処さえすれば**どんな窮地も乗り越えられると信じる楽観主義者**になっていきます。

自分の力も未来も信じることができないと、予測できない事態におじけづいてしまいます。そしてネガティブな要素を見つけ、体や感情、意思のコントロールができなくなってしまいます。さらに「こうなったらどうしよう？」と不安の悪循環が始まり、いわゆる悲観主義者になりやすいのです。

困難や挫折を味わっても、諦めずに目標に向かって努力し続ける粘り強さ、すなわち「やり抜く力」もメンタルの強さとかかわっています。ベストセラーになった『やり抜く力　ＧＲＩＴ（グリット）』（ダイヤモンド社）の著者であるペンシルベニア大学の心理学者アンジェラ・ダックワースの研究によって、注目されました。

ダックワース教授は、成功者と呼ばれる多くの人々にインタビューして分析した結果、人がそれぞれの分野で成功して偉業を達成するには、才能やＩＱよりも、**「やり抜く力」が重要**であるということを明らかにしました。

米国陸軍士官学校で行われる７週間にも及ぶ厳しい基礎訓練「ビースト・バラックス」や、グリーンベレー（陸軍特殊部隊）で行われる過酷な選抜試験をやり遂げて優秀な成績を残したのは、「才能がある」「有望だ」とされた人ではなく、また「体力がある」「適性がある」とされた人でもなく、**挫折しても諦めずに「やり抜く力」を持**

った人たちだったということです。

また、シカゴの公立学校で行った数千名の高校2年生に対する調査では、「やり抜く力」が高い生徒ほど進学率が高いことがわかっています。**学業で伸びていくのは、わからないことを考え続けることができるから**です。やり抜く力は、人が困難に向き合ったときに耐えることができる資質です。やり抜くことができるのは、先を明るく見通すことができる楽観的な視点と、「自分には価値がある」という自分への自信、すなわち**「自己肯定感」が根底にある人**です。

「自己肯定感」が低いと、たったひとつの失敗やほんの少しのうまくいかないことだけで、「やっぱり自分はダメだ」と思ってすぐに挫折してしまいます。やりとげられないことで、「また最後までできなかった。自分はダメなんだ」という思いが強くなる、という悪循環に陥っていきます。失敗や逆境が、「そこから学んで次に活かせるもの」ではなく、「自分がダメな人間だと証明するもの」になってしまうのです。

日本では、とくにスポーツの場面で、目標達成まで投げ出さずに徹底的にやりとげることを、「根性」として称賛する傾向もあります。このとき指導者が、選手に対して、半ば強引に目標を設定していることが多いと感じています。レジリエンスとは、本人の持っている力を引き出すもので、個人個人で異なります。一律に「根性」という言葉で語ることは、「自己肯定感」の高い子どもには必要のないことである一方で、「自己肯定感」の低い子には挫折感を味わわせることになります。根性論もまた、日本の子どもの「自己肯定感」が低い一因と考えられます。

「自己肯定感」が高いと、自制心が身につく

子どものうちに教えておきたいのが、誘惑に負けずにがまんする力、自制心です。自制心は、人生のすべての側面にかかわる大事なものです。自分を抑えなければ、学ぶことはできません。規則正しい生活習慣を身につけることや、人とうまくやっていくこともできないでしょう。

人は自分の心身をコントロールできないと、気持ちを抑えられずにキレたり暴れたりしてしまいます。ごく幼い子どもたちは、何でもやりたがって、できないと癇癪《かんしゃく》を

起こしたりしますが、その理由は、脳の前頭前野が未熟だからです。前頭前野は脳のなかでもっとも時間をかけて発達する部分なので、自制心を身につけるには時間がかかります。

自分の欲望を抑える自制心は、高度な営みです。大人でも、自分をコントロールするのは難しいことです。**がまんするのは大変だろうと共感し、親が見守るなかで身につけさせてあげて**ください。

子どもが自制心を身につけるためには、周りの大人が手助けをしながら、地道につきあっていくことが必要です。**子どもが癇癪を起こしたりキレたりしたときは、抱きしめたりなだめたりして、気持ちを整えられるように手助け**してあげてください。

自分をコントロールできたらほめられたという経験があると、がまんのイメージができるようになります。また、「自己肯定感」も育ってきます。この地道な積み重ねで自制心は培《つちか》われていくのだと思います。

自制心の強い子は、規則正しい生活が身につきやすいといえます。スマホやゲームばかりに時間を費やすことなく、やるべきことに時間をかける傾向があります。

〈事例〉
D君
（小学3年生）

小学3年生のD君は、学校から帰ってくると最初に宿題をすませてしまいます。親に言われるからではなく、宿題をやってから遊ぶことを、自分で決めて実行しています。

宿題や、やるべきことを先にすませていれば、ゲームをしていても親から叱られることはありませんし、学業をおろそかにしないから成績もいいのです。自分でコントロールできるので、長時間ゲームをやってもゲーム依存になりません。

小学3年生ごろといえば、脳の前頭前野の発達がさかんな時期です。D君はこの時期までに自制心を身につけています。

先に宿題をやったほうがあとで楽になると思えれば、自分で決めて実行することができます。本当はゲームをやりたくても、あとにしようとがまんができるD君は「自己肯定感」が高い子どもといえるでしょう。そのような子どもは伸びていきます。**実**

行できて達成感を得られるからさらに実行し、ほめられてますます実行するようになり、習慣になっていきます。

思いやりの心や共感する力が生まれるしくみ

人は愛され、受け入れられているという実感があると、人を信じることができるようになります。

思いやりの心は、自分が人から思いやられることで育ってきます。

共感する気持ちは、自分自身が共感されることで生まれてきます。

自分が満たされているから、人を信じて満たすことができる。自分自身の存在が肯定されて初めて、他者への思いやりの気持ちが生まれる。**この順番が大事なのです。**

人生で最初に愛される体験は、養育者から受けることになります。養育者が子どもに無条件の愛を与え、愛された経験があることで、子どもは人を信じる、他人を思いやることができるようになります。**子育ては、まず子どもを愛することからスタート**

してください。

たとえ虐待を受けたような子どもであっても、その後によい環境が得られれば、相手のことを思いやる心や共感する力は十分に育ちます。自分のつらい体験があるからこそ、より思いやりが強くなることもあります。

受け身の連続は、「自己肯定感」を下げる

子どもは、**好きなことをしているときや夢中になって遊んでいるときに、好奇心や想像力を伸ばしていきます。**たとえ失敗をしても、そのなかで自由に考え、発想を広げていきます。こんなときの子どもの目は輝いているでしょう。それは、**「子どもが子どもでいられる時間」**です。この時間が子どもには必要なのです。

ところが、親がいつも「あれをしなさい」「これをしなさい」と指示をして、子どもをコントロールしてばかりいると、子どもの意志は無視され続けることになり、「自己肯定感」が下がってしまいます。

遊びは「自らする」から遊びであって、やらされ感のあるものは遊びではありません。遊び場に連れて行かれて「遊びなさい」と言われても、本人がやりたくなければ、それは遊びとはいえません。自由に遊ぶこと、夢中になることで、心が満たされるのです。遊びに限らず、**自分からやろうとすること、主体的に取り組んでいることが「自己肯定感」を育てる**ことと深くかかわってきます。

〈事例〉
E君
（小学6年生）

E君は小学6年生。親に指示されたことをこなす、いわゆる手のかからないよい子でした。

E君が初めて自分から提案したのは、中学受験をしたいということ。両親は賛成しましたが、受験をするからには、ゲームも控える、塾に行くなど、生活習慣の細かいところまで管理しはじめました。

気分転換にゲームをやっていると両親が怒って取り上げるので、E君はキレて暴れるようになりました。両親は「ゲーム依存症だ」「ＡＤＨＤ（注意欠陥・多動性障害）だ」といって、診察に訪れたのです。

このときのE君は、受験自体は賛成してもらえたものの、主体性が尊重されず、今まで以上に束縛されている状態でした。両親に抵抗すると「病気だ、発達障害だ」といわれて、「自己肯定感」も下がっていました。

診察の結果、E君はゲーム中毒でも発達障害でもありませんでした。そこで、「E君が自分で受験計画を立てるように」とアドバイスしたのですが、残念ながらご両親は聞き入れようとしませんでした。

「自己肯定感」を育てるには、子どもの主体性を大事にする必要があります。しかし、身のまわりのことなど、子どもが嫌でもしなければならないことは山ほどありますし、寝る時間や食事の時間も考えないといけません。どうしても親が指示しなければならない場面は出てくるでしょう。

そうしたなかでも、**できるだけ工夫して、子どもの主体性を尊重**してください。親は選択肢を与え、子どもに選ばせてあげましょう。ときには自分から別の選択肢を出してくることもあるでしょうが、**それでいいのです**。頭ごなしに否定しないで、話し合ってください。子どもの主体性を尊重すること、子どもの意志を認めることが、「自己肯定感」を育てていくうえで必要なのです。

「自己肯定感」が下がると、ものごとに積極的に取り組むことができなくなります。**「どんな自分でも、自分は自分。価値のある存在だ」という心の土台**を作るために、心がけたい大切なポイントです。

欧米では、幼いときから人とは違う自分なりの意見を持つように教育されます。たとえ100人のなかで自分ひとりだけが違う意見だったとしても、堂々と自分の考えを主張することが奨励されています。それは、自分の考えを持ち、それを言葉にすることが、「自己肯定感」を高めるからです。自分の気持ちや考えを言葉にして、人と上手にコミュニケーションがとれるようになると、自分への自信が生まれ、「自己肯定感」が上がるのです。

また、人の話が聞けることも大事です。人の話を聞くことができると、相手から信頼されて人間関係が良好になるので、おのずと「自己肯定感」が高くなってきます。

第4章

「自己肯定感」が高い子、低い子の違いって?

4つのタイプでみる「自己肯定感」

「自己肯定感」は、直前の出来事に影響されてその都度変動することのない、安定した概念だと言われています。その点で、「自己肯定感」が安定しているか不安定かの2タイプに分類できます。別の見方として、高い、高すぎず低からず、低い、の3タイプに分類されます。

この章では、「自己肯定感」を軸に4つのタイプに分けて、その特徴をお話ししましょう。

「自己肯定感」が安定しているタイプ

理想的な心理状態

- 自分の意見を言うが、人の話もよく聞いて押し通すことはしない。

４つのタイプでみる「自己肯定感」

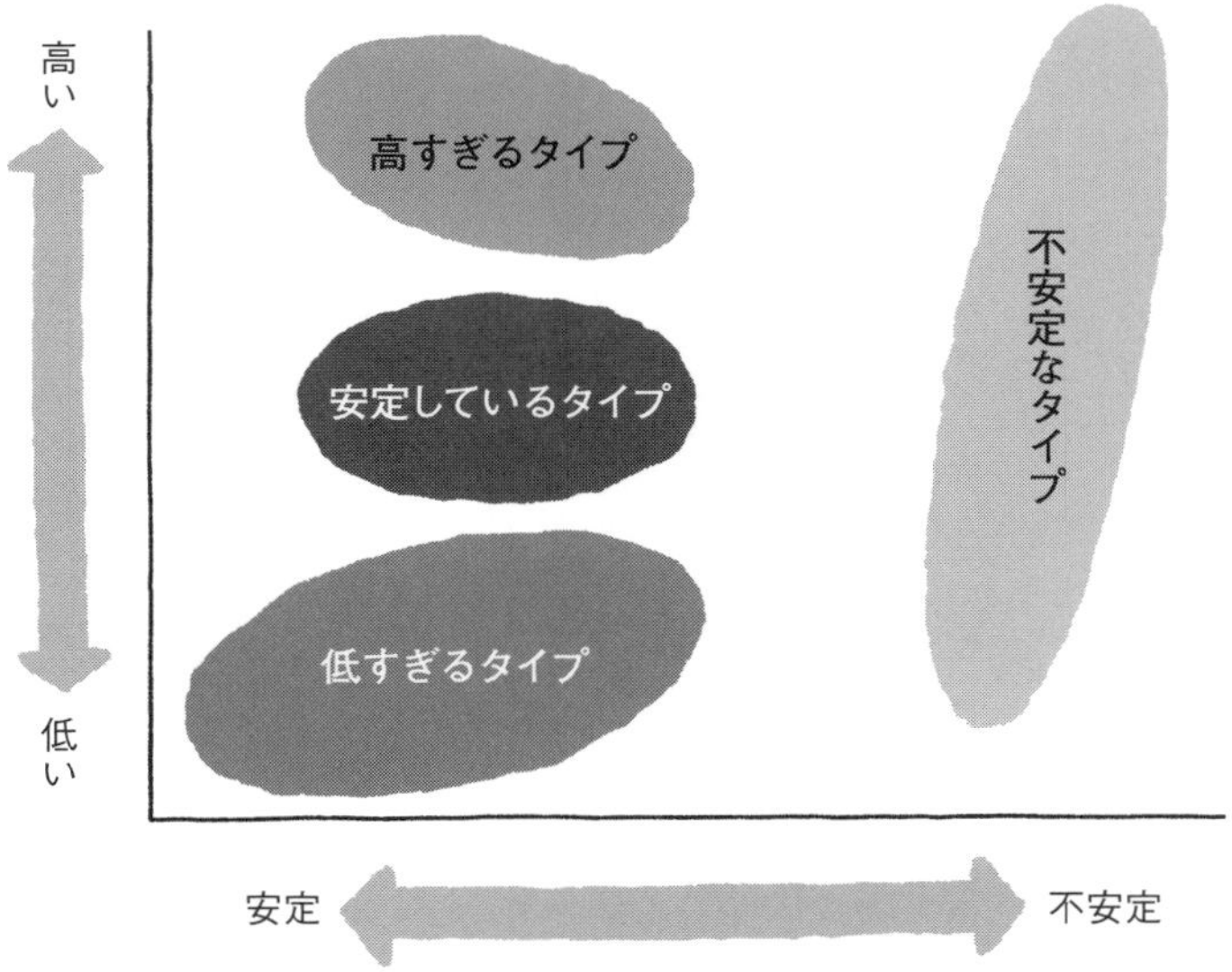

- 自分のなかに基準があるので、人から批判されても極端に落ち込まない。
- 急に怒ったり泣いたりといった、感情の起伏は少ない。
- 自信はあるが表に出さない。
- いつもは物静かでも、場面に応じてリーダーシップを発揮することができる。
- ものごとを冷静に捉えて臨機応変に対応する。

「自己肯定感」は、高すぎず低すぎず、**安定しているのが望ましい**といえます。このような人は集団においても理想的な存在で、幼少期から安定した養育、生活環境で育っていることがうかがわれます。

基本的に「自分のできることには限りがある」「やれることはやる、やれないことは他人にまかせる」と考えており、**自分の限界を知ったうえで他人を尊重する**ことができます。**他人に嫉妬したり見下したりすることがなく、「自分はこれでいいんだ」という自覚**もあります。

このような人は「自己肯定感」が安定しており、逆境のときに落ち込みすぎたり、上り調子のときに有頂天になったりすることはありません。こういう安定感は、長い人生経験で培われるものかと思われがちですが、現実には、子どものときにそのような片鱗《へんりん》が見られることもあります。

東日本大震災のときに、地元の小学生たちが避難所で自主的にボランティアをしているニュースが流れていました。自分の家が流されて、避難所生活を余儀なくされて心身ともに疲れた大人たちが、子どもたちに勇気づけられたというニュースでした。

自分も被災してつらく苦しい環境のなかでも、「みんなの役に立ちたい！」と思って行動した子どもたちは、「自己肯定感」が高かったといえます。**逆境は「乗り越えられるもの」「そこから学んで次に活かせるもの」**と思うことができれば、彼らの「自己肯定感」はさらに育っていくことでしょう。

事例を提示します。

〈事例〉
Fさん
（小学5年生）

Fさんは、小学5年生の女の子です。

もともと面倒見がよく、クラスのなかで厚い信頼を得ている子どもでした。

東日本大震災で被災し、自宅に住むことができなくなり、一家で住み慣れた土地を離れて、東京近郊で避難生活を送っていました。担任や家族が「震災後ずっとがんばりすぎているのではないか」とFさんのことを心配して、スクールカウンセラーからの紹介で受診されました。

Fさんは、自分自身も被災者であるにもかかわらず、同じ境遇で転校を余儀なくされた仲間の面倒をみたり、家族の手伝いをしたりしながら新しい環境で学校生活を送っていました。

Fさんに話を聞くと、「『無理しなくてもいい』という言葉は聞き飽きました。無理をしているわけでもなく、自分ができることをやっているだけです」という模範的な言葉で現況を説明してくれました。

「誰かに話を聞いてもらうことは必要ですか？」と質問すると、「自分で気持ちを調節しているから今は大丈夫。聞いてもらえればいいと思うこともあるけど、今までは逆に大人から一方的に話を聞かされたり、指示されているように思った。友だちの話を聞くことはできるけど、それ以上のことはできない」と冷静に説明してくれました。

Ｆさんは、被災体験をそのまま受け入れていて、絶望感を持つわけでもなく、現実逃避のために他者にかかわろうとしているわけでもありませんでした。

しかし、このような行動は誰にでもできるわけではありません。Ｆさんは、「自己肯定感」が極めて安定していると考えられ、「自己肯定感」を維持することで、大震災被災という逆境を乗り越えようとしていたのだといえます。

余談になりますが、震災などの非常事態に遭遇すると、どんなタイプの人も、必要以上に状況に合わせようとする行動がみられます。

もっともほどよく合わせられるのは、「自己肯定感」が安定している人です。「自己肯定感」が不安定な人は、一時的に安定することがあり、周囲の人と適応できることもありますが、「自己肯定感」が高すぎる人は、日常を取り戻そうとして他者を混乱させますし、「自己肯定感」が低すぎる人は、すぐに人と合わせられなくなり、精神的な不調が目立ってきます。

「自己肯定感」が不安定なタイプ
下がったときに問題が起きやすい

- 自信たっぷりに見えるときがあると思うと、ちょっとしたことをきっかけに「自分はダメだ」と落ち込んでしまう。
- 機嫌がよくなったり、悪くなったり感情の起伏が激しい。
- 人の意見や周囲の反応に敏感で、そのたびに落ち込んだり喜んだり振り回されてしまう。
- 楽しいからやると言っていたのに、気分が乗らないとドタキャンする。
- 自分の意見や考えをはっきり持っていない。

本来、「自己肯定感」は安定しているべき感情なのですが、**些細な出来事で自信たっぷりになったり、逆に自信をなくしたりする人**がいます。

このタイプの人は、周囲の人の対応によって「自己肯定感」が大きく影響を受けることもあります。「情けない人を見ていると、自分まで情けなくなる」と落ち込んだかと思うと、「○○さんに勇気をもらった」などと急に元気になったりします。これは自分をきちんと認識できない人にみられるパターンで、発達障害の人にもよくみられます。発達障害の子どもの事例を紹介しましょう。

〈事例〉
G君
（9歳）

G君は9歳の男の子です。

学校や家庭で落ち着きがなく多動であることから、母親とともに受診しました。

診察室でも多動な様子がうかがえました。診察中にいきなり売店に向かって走り出し、飲み物に手を出したところで財布を持っていないことに気づいて、あわてて診察室に戻り、そこで診察中であることを思い出すということがありました。診察中も机を手でガタガタと乱暴に揺らすような落ち着きのない子どもでした。

注意されると、G君は落ち込んで「またやっちゃった。ごめんなさい」と反省するものの、数分もたつと注意されたことさえ忘れて、次々にやりたいことが頭に浮かんでは行動に移す状態でした。約束のダブルブッキングも目立ち、友だちや家族を振り回しているという自覚は乏しいようでした。

診察中に注意されることで「自己肯定感」が下がるものの、特別な理由もなく「自己肯定感」が回復する場面が見られたことから、普段は「自己肯定感」が非常に高い状態であるといえるでしょう。

私はG君を発達障害のひとつであるADHD（注意欠陥・多動性障害）と診断し、薬物治療をはじめました。

2週間後に母親のみ外来を受診されました。G君は、薬物治療の効き目が現れて、家庭でも学校でも見違えるように落ち着いて過ごせるようになったそうです。母親も担任もたいへん驚き、G君を評価するとともに、さらなる効果を期待しているようでした。

4週後、母親に伴われて本人が受診しました。診察室での様子は落ち着いていました。家族に退席してもらい、本人に話を聞きました。

G君は「薬を飲んでよい子になったと思う。一生懸命がんばっているけれど、親も担任の先生も、もっとがんばってみんなと同じようになってほしいみたい。次の目標は薬を飲まないでよい子になること。でも自信がない」などと話していました。

一般的に発達障害の子どもは、自分自身を客観的に認識するという「自己認識」に何らかの不具合があり、「自己肯定感」も不安定であると私は考えています。

G君は、投薬によって多動・衝動性という症状が著しく改善しました。非常に高かった「自己肯定感」は、周囲の評価が気になるようになり、以前にくらべて下がったということでしょう。この段階ではG君の「自己肯定感」は、同学年の子どもとほぼ同様の水準となって安定していました。

G君のように、投薬の影響や接し方により、速やかに「自己肯定感」が変化することもあります。G君の場合は、不安定なタイプから安定タイプに変化しましたが、周囲の大人から過剰な期待をかけられたり、細かく注意されるようになれば、今までの万能感が無力感に変わり、「自己肯定感」は不安定タイプから低すぎるタイプに変動する可能性もあります。

発達障害ではなくても、「自己肯定感」が不安定なタイプの人もいます。比較的恵まれた環境にありながら、環境の変化に弱く、外からの影響を受けやすい人です。大声で笑う、文句を言う、乱暴な行動をとるなど、感情や自分の思いを言動で表すことが、そこそこできる環境にある人に時々みられます。

特徴としては、幼児期から多くのおもちゃで遊び、習いごとにも通っていたことなどが挙げられます。現代の子どもはそれ以上にビデオ、ゲーム、スマホなども使っており、情報過多の状態にあります。自分で処理しきれない情報量、すなわちインプットが過多の状態から、突然キレる、ボーッとするなどの症状もみられます。このような人は、**インプットの量を調節して、情報過多にならないように注意**すれば、「自己肯定感」は安定してくると考えています。

「自己肯定感」が高すぎるタイプ
おごりがちで自分勝手

・自信たっぷりで、自分の意見をはっきりと主張する。
・人の話を聞かず自分の考えを押し通すので、周囲から自分勝手だと思われる。
・他人からの悪口や批判は気にしない。
・世界は自分のためにある、と思っていていつもポジティブ。
・新しいことに挑戦して成功することがあるが、行きすぎてたたかれることもある。
・逆境のときにもくじけない。出る杭《くい》は打たれる日本には少ないタイプ。

「自己肯定感」が高すぎる人は、おごりがちで自分勝手、他尊（他人を尊重すること）ができないとみなされます。根拠のない万能感を持っているといわれる人も、このタイプに含まれます。

日本には謙虚さや奥ゆかしさが美徳とされる文化があり、あまり多くは見かけません。識者のなかには、**日本人の「自己肯定感」が低すぎるのではなく、他の民族が高すぎるのではないか**と考える人もいるようです。

「自己肯定感」が高すぎる人は自己中心的であり、社会生活を送るうえでは、周囲に迷惑をかけていても、責任を転嫁して本人は気に留めない傾向があります。

根拠のない万能感によって責任を転嫁する人には、「自己肯定感」を高める要因が乏しいのに「自己肯定感」が高い人がいます。子どもの事例を挙げてみましょう。

〈事例〉
H君
(小学5年生)

H君は小学5年生の男の子です。家族は、会社員の父親とパートで働く母親、姉の4人です。引っ越しのため転校して間もなく、学校のスクールカウンセラーから診察の依頼を受けました。H君はもともと同級生とのけんかが多かったのですが、「あまりにも反省がなく一方的な言いわけをして、一部の子どもがH君に恐怖を感じている」という説明でした。

Ｈ君は、「クラスで悪いことが起こると、必ず自分が疑われる。先生も他の子の味方をして、何もわかってくれない」と主張しました。

学校では、Ｈ君に介助員がついているとトラブルはないのですが、介助員がいないときにトラブルが起こります。

そこで、母親にＨ君の育った環境について聞いてみました。母親によれば、Ｈ君の父も自己中心的なタイプでした。

父親は妻につらく当たり、養育は妻まかせ。Ｈ君の母親は、父親のようになってほしくないと、Ｈ君のほとんどすべての行動を許容して育ててきました。学校で乱暴な行動を起こすＨ君も、母親の前では優しくておとなしかったので、母親はＨ君の主張を信じ、Ｈ君が周囲から誤解されていると思っていたようです。

Ｈ君のような状況の子は、一般的には「自己肯定感」が低いのですが、Ｈ君の言動からは「自己肯定感」が高く感じられました。実際に質問表を用いて診察をしても、「自己肯定感」は高い結果が得られました。

通常の心理療法を行うだけではＨ君の問題行動はなくならないと考えて、

母親だけでなく父親にも外来に来てもらうよう協力を求めました。

H君の両親は決して夫婦仲がよいわけではなく、むしろ冷めきっていましたが、「H君の将来のため」ということで、夫婦の協力は得られました。

それまでは父親がいつも妻を罵倒していました。それを見ていたH君は母親に優しく接しており、母親もH君のすべての行為を正当化している状態でした。

そこで、母親にはH君が乱暴な行為を働いたときには注意すること、父親には妻をねぎらうこと、H君が母親の言うことを聞いたらその行為をほめること、という原則を提示しました。

当初は3人それぞれが困惑していましたが、H君の問題行動はしだいになくなり、H君の口から「自分にも悪いところがあった」と反省の弁が出るようになりました。


H君のような家庭環境の子どもは決して少なくないと考えています。そのなかで、

Ｈ君のように「自己肯定感」が高すぎる子どもと、逆に低すぎる子どもがいる理由はまだわかっていませんん。Ｈ君は母親に認められているものの、無条件ではなく、「息子には夫のようになってほしくない」という母親の心理的要因からの受け入れであったことが、「自己肯定感」に悪影響を及ぼしたと考えています。

幸いにもＨ君の問題は解決しましたが、なかには解決が難しいケースもあります。そのような場合は、思考をつかさどる脳の領域に、何らかの不具合があると考えざるを得ない場合もあります。

「自己肯定感」が低すぎるタイプ 心に秘めた被害者意識が特徴

- 自分に自信がなく、「どうせうまくいかない」「どうせやってもムダ」が口ぐせになっている。
- いつも失敗を恐れている。
- 先の見通しを明るく捉えられないので、新しいことに挑戦しようとは思わない。

- ちょっとしたことで傷ついてしまう。
- 新しい場所や初めての人に会うのが苦手。
- 自分を認めてもらいたいので、大げさに自分をアピールすることもある。
- 承認欲求が強い。

「自己肯定感」が低い人の特徴は、自分に自信がなく、自主的な考えを持てないところです。「自己肯定感」の低い子どもに**「夢を実現するようにがんばってみよう」などと言いすぎると、その言葉が負担**になります。夢を持つどころか、今の生活を保つことで精いっぱい、というのが本音なのだと思います。

たとえ学校の成績がよくても家庭環境に問題がなくても、自主的な考えを持てない子どもは多数存在していると考えています。そしてこれは現在の日本の若者全体の傾向のようにも思います。学業が極めて優秀な大学生でさえ、「今まで苦労して勉強してきたのだから、卒業したら背伸びしない生活をしたい」と考えており、夢を持つことができない学生が多いようです。

日本の思春期以降の青少年は、ほとんどがこのタイプで、大人にも多いと予想しています。自分を肯定的に捉えられないと、「どうせ自分は……」「何もいいことがなかった」「なんかつまらない」などとつね日ごろから口にすることがあり、「○○さんのようになれたらよかったのに」「いつも自分ばかり貧乏くじを引いている」などと悲観することが多くなります。

「ビミョー」「なんとなく」「ヤバいかもしれない」「よくわからない」など、会話にあいまいな表現が目立ちます。会話では、「私はこう考える」「ぼくはおもしろいと思った」など、一人称を主語とした文章が、ほとんどみられなくなります。

このタイプの子どもの事例をお話ししておきます。

〈事例〉
Iさん
（中学2年生）

Iさんは中学２年生の女の子です。

本人からの悩みというのではなく、担任から臨床心理士を介して紹介されました。Iさんは人間関係を被害者的に捉えることが多くあり、物事に対して斜めに構えるという一面が気になる、精神疾患の可能性はないか確認したいということでした。

担任からの評価は、真面目で素直であり、周囲への気配りもできて、クラスメイトからの信頼も厚いということです。

診察では、「何をやってもうまくいかない」「どうせ自分はダメだから」などと言うのですが、疲弊感や抑うつの様子はなく、精神疾患というよりは、背景に「自己肯定感」の低さがあると考えました。

臨床心理士に話を聞いてみると、Iさんは両親と姉の4人家族で、父親は仕事で忙しく家では家族に厳しい、姉とは性格が合わずほとんど会話をしない、母親は些細なことまで干渉するためけんかが絶えない、そのため家庭では居場所がない、という説明でした。

また、授業が終わってもなかなか帰宅しないことが多い一方で、とくに学校が楽しいわけでもないということでした。クラスでは、女子のなかでいじめがあり、日替わりで誰かが狙われるそうです。助けてあげたいけど、いつ自分に矛先が向くかわからないことが恐ろしく、友だちも信用できなくなりました。いじめがなくなればよいと思いながらも「女の子は怖いから、なくならないですよね」というあきらめに似た境地で、クラスの様子を語りました。

一方で、つねにクラスメイトに気を遣わなければいけないこと、教師からの働きかけが多いことは負担に感じていて、学校にも行きたくないが、行かないと進学が難しくなるし、家庭にいても楽しくない、とすべてにおいて否定的な考えを持っているようでした。

「自己肯定感」が低いと対人関係を構築しにくくなります。また、逆境を乗り越える力も弱くなります。Iさんが今後、「自己肯定感」を育むことができるかどうか気になりますが、精神疾患ではなさそうなので、Iさんが学校で相談しやすい養護教諭やスクールカウンセラーに話を聞いてもらうことを勧めました。

第5章

親の「聞く力」が子どもの「自己肯定感」を高める

子どもへの態度として、まずは「話を聞く」ことが何より大事

この章では、「自己肯定感」を育てるために、子どもとどのようにかかわっていったらいいのか、考えてみたいと思います。

まず大事なのは、子どもの話に耳を傾けることです。**否定するわけでもなく肯定するわけでもなく、ただ話を聞くこと**に徹するのが何より大事なことです。親が子どもの話をよく聞くことで、子どもの「自己肯定感」は育ってきます。

子どもは十分に話を聞いてもらえると、自分を受け止めてもらえたことを実感します。**自分の言ったことがそのまま受け入れられると、自分が感じたこと、自分の気持ちを認めてもいいんだと思える**のです。

たどたどしくてうまく話ができない子どもも、言葉が出てくるのをゆっくり待って話を聞いてあげると、**自分の意見は親が聞くに値するものなのだと思えて、**自信がつきます。

子どもへのかかわり方が、一方的に「○○しなさい」「言ったとおりにやればいい」という言い方になっていませんか？ もしそうなっていたら、命令や指示ではない言い方に変えてみましょう。そして、子どもの考えを聞くことです。

叱るときにも、責めるのではなく、子どもになぜそのような行動をしたのか、どのように考えているのかを聞いてみてください。**小さい子どもであっても、その子なりに何かあるはず**です。

「ウッウッ」というせきばらいをくり返す、目をパチパチするなどのチック症状の相談のため、親子で外来を受診した事例を紹介しましょう。

〈事例〉
J君
（小学4年生）

J君は小学４年生の男の子です。

親は子どもに話をするように促しましたが、うまく話ができないため母親が話をはじめました。

母親の話では、部活や発表会でみんなに注目されるとチックの症状が出やすい、なんとか止めることはできないかという内容でした。

母親には席を外してもらい、J君に話を聞きました。

両親が成績を気にする、学校のことにいろいろと口を出すのが嫌だということで、チックの症状は、自分ではさほど気にしていないということでした。

診察室で話したことは、母親には伝えてほしくないとJ君が希望したため、母親には、チックの症状は見られるがよくあることで自然に軽快することが多い、本人は自分で解決できるので見守ってほしいという希望であることを伝えました。

J君の場合、親に話を聞いてほしかったが、逆に話をする前に親から質問されたり、親から指示されることが多かったと思われます。何回か外来に通うことで、J君の母親も、子どもの話を聞くことができるようになったようで、J君のチックの症状も改善しました。


子どもは親に話を聞いてほしいのです。どんなに幼くても、親が子どもの言葉に耳を傾け理解するよう、意識を持って接していくことが理想です。

大人でも、人に話を聞いてもらいたいのに、相手が上の空で聞いていたり、話をさえぎって意見されたりすると、話をしたくなくなります。挙句の果てにお説教をはじめられると、「もうこの人に大事なことは話したくない！」と思ってしまうでしょう。

子どもも同じです。

ある大学生が小学生のとき、悩みを相談しようと担任の先生のところに行きました。話しはじめると先生は、「わかったわかった」と受け流すようにうなずき、彼が話しているのを制して、「子どもは元気いっぱいで、ストレスなんかあるわけがない。小さいことをくよくよ気にするな！」と聞いてくれなかったそうです。彼は「それからしばらくのあいだ人間不信に陥った」と話してくれました。

先生も忙しいからでしょうか。十分に話を聞かず、意見を一方的に言っておしまいにしてしまいました。彼は自分の気持ちを否定されたように感じたのでしょう。信頼していた先生だったからよけいにショックは大きかったことと思います。

子どもが困ったことを話してくれたときには、悲しい気持ち、つらい気持ちに寄り

添って、ひたすら子どもの話を聞いてあげてください。親は「なんとかしてあげたい」と思うでしょうが、それはグッとがまんして、ただ聞いてあげるだけがいいのです。人は話を聞いてもらえたら、受け入れられたと感じて安心します。

聞くことのメリットには、**話し手の考えが前向きになるということ**もあります。自分の考えを言葉にすることで、頭が整理されてきます。話をしているうちに考えが整理できて、**自ら解決法にたどり着く**ものなのです。

問題の解決を焦らずにゆっくりした気持ちで聞いてあげましょう。**自分で考え、自分で問題を解決**できると、さらに「自己肯定感」が高まっていきます。

「東大生の親は、子どもの話をしっかり聞く習慣がある」という報道がありました。子どもの学力を伸ばす親が、「勉強しなさい」「宿題しなさい！」と言わないということが最近よく聞かれますが、言わないだけではなく、逆に「子どもの話を聞く」習慣がある、というのは大変重要なことです。

私の経験からも、**「自己肯定感」の高い学生は、幼少期だけでなく中高生時代まで、親によく話を聞いてもらっている**傾向が強いと思います。

話をしっかり聞くと、子どもは受け入れられた感覚になり、心が安定して学習意欲が高まります。自分から能動的に勉強に取り組もうとするので、自主的な学習習慣がつき、結果的に**高い学力を得られる**というわけです。

食事の時間でも、お風呂の時間でも、通学でも、ちょっとしたすきま時間の会話を心がけましょう。**1日10分**でもいいので、**子どもと向き合う時間**をとるようにすると、子どもの未来が変わります。

子どもの話を「しっかり」聞くには？

わが国の家庭の実情としては、親も子も絶えずやるべきことに追われています。子どもの話をしっかり聞こうと思っても、忙しくてうまくいかないことが多いでしょう。

それでも親の気持ちに余裕があるときには、「あとで」「待って」と言うくらいの対応はできるかもしれません。しかし親自身が心理的に追い詰められていると、「うるさい」と怒鳴ったり、子どもの言葉の大半を無視してしまうということはありませんか。

日ごろの親の対応の仕方によっては、子どもはだんだん自分のことを話さなくなってしまうでしょう。**話しやすい親になることが**、子どもの「自己肯定感」を高めるうえでも、子どものとの信頼関係を結ぶうえでも重要です。子どもが話しやすい親になるための、話の聞き方のポイントを3つお伝えします。

まず、**「ながら聞き」をしない**ことです。

子どもが何かを話したいのに、親が何かしながら上の空で聞く様子だと、「ちゃんと話を聞いてもらえない。もういいや……」と話すことをあきらめてしまいます。大人でも同じですよね。

とくに今、子どもの話を聞く邪魔をしているのが、スマホです。スマホが生活の一部になり、画面を見ながら子どもの話を聞いている親が増えています。

南カリフォルニア大学とNPO「コモンセンス・メディア」が2017年に行った調査（スマホを持っている日本の中高生の子どもと、その親各600人を対象）によれば、**日本の子どもの2割が「時々、親は自分よりスマホを大切にしていると感じることがある」**という結果が発表されました。

米国でも同様の調査をしているのですが、親のネット依存度が日本より高かった米国のほうが「親は自分よりスマホを大切にしていると感じている」子どもは少なく、6％にとどまっています。

ＮＰＯ代表のジェームス・ステイヤー米スタンフォード大准教授は「日本の子どもは、ネットに夢中の親に、話を聞いてほしいと言えずにがまんしているのではないか。各家庭でルール作りを急ぐべきだ」と話しています。

日本でも、「スマホに子守りをさせないで」と提言する活動はありますが、中高生を対象としたスマホの使用環境と親子関係に踏み込んだ調査は行われていませんので、これは見過ごすことのできない調査結果だと思います。

お忙しいとは思いますが、子どもが話をしようとしたときは**スマホを置いて、少しのあいだ手を止めて、子どもとしっかり向きあって聞いて**あげてください。

２つ目は、**適切なプライバシー保護が必要**だということです。

落ち着いた環境で圧迫感のない距離をとり、一対一でゆっくりと時間をとって聞いてあげてください。**どんなことでも受け止めてあげるよ、という雰囲気作り**をすることです。

安心して話をしてもらうには、子どもが言ったことに、親が過剰に反応しないで淡々と聞くことも大事です。「へえ」とあいづちを打ったり、「そうなんだ」とそのまま受け止めるようにすること。**大げさに反応しない**ほうがいいでしょう。

3つ目は、**次々と質問しない**ことです。

「それはどうして？」など、あれこれと聞き出されるのは嫌なものです。尋問のように問い詰められたと感じてしまったら、子どもの話す気持ちは失せてしまいます。

幼児のときから親に話を聞いてもらえて、**「親と話をすることが楽しい」と思える親子関係**だと、思春期になってからも、完全に断絶するということは起こりにくくなります。親に話しにくいことや親に言っても仕方がないと思うようなことも、話題にのぼることと思います。コミュニケーションがとれていると、**本当に困ったときには、親に打ち明けて助けを求めてくれる**でしょう。

話を聞くポイント

- 目を見る。体を向ける。ながら聞きしない。
- あいづち、うなずきを入れて、共感を示す。
- 最後まで聞く。途中で口を挟まない。否定しない。
- 途中でアドバイスや答えを言わない。
- 子どもの言葉をリピートする。
- 話を聞けないときは、理由を説明して謝る。

「自己肯定感」を育てるという視点で接する

子どもの「自己肯定感」は人との関係で変化していきます。生涯にわたって影響を及ぼす心の土台である「自己肯定感」は、もっとも身近な親との関係によって左右されます。ですから、家庭教育が重要なのです。

子どもは1歳半くらいから、大人の言葉や状況を理解して読みとっています。**赤ちゃんのときから「自己肯定感」を育てるという視点で接する**ことが必要です。

「自己肯定感」の基礎となるのは、自分自身を客観的に評価することです。自分への評価とは、わかりやすい言葉にするとセルフイメージです。

「自分はスポーツが得意だ」「絵を描くのが好き」「本を読んでいたい」「弱気な性格」「走るのが遅い」など、自分の性格や行動に対する評価です。人よりも優れていると思えることばかりでなく、悪いセルフイメージもあるでしょう。

セルフイメージは、自分の体験や成長とともに変化し、出会う人からの評価を取り込んで作られていくものです。子ども自身が自分に対する信頼感をより確実なものとするように、子どものセルフイメージをよくすることを心がけてください。**子どもが、自分の好きなところ、得意なことがわかるように、子どもと一緒に見つけて**あげましょう。

また子どもが関心をもっている分野で、**成功体験を重ねることができるよう援助**していくと、確かな「自己肯定感」の基盤ができてきます。

ただし、親の一方的な価値観を押しつけて「こちらを伸ばしたい」というほめ方をしても、それが子ども自身が望んでいることでなければ、「自己肯定感」は上がりません。親の期待が見当違いだったり、大きすぎたりすると、その期待に沿えない自分に失望して、「自己肯定感」が下がってしまうケースもあります。

子どもたちは、**基本的に親からの評価を得ようと努力**しています。しかし、子どもには本来持っている能力がありますし、個性もあります。大人の尺度で批判したり、他の子どもと比較したりすることは、子どもの自信をなくすことにつながります。親の接し方ひとつで子どもの「自己肯定感」は大きく変化しますから、子どもの弱点や足りないところを指摘するのではなく、**わが子のいいところを見つけてあげること**が大切です。

たとえば子どもの運動会でよく「がんばれ！　がんばれ！」と応援するのは見かけますが、競技が終わったあとにも「よくやった！」「すごいぞ！」「がんばったね」などと、**子どもが努力したところを見つけて言葉にする**べきです。これが子どもの「自己肯定感」を育むことにつながります。

学校では、先生も親も「〇年生になったのだから、これを理解できないとダメ。できないと将来がたいへん！」などと、短期的な視点で子どもの学力を判断し、叱咤激励する傾向にあります。

たしかに勉強は積み上げが必要なので、今の学習内容がわからなければその先もわからなくなることが多いものです。でも**勉強は、1年後、2年後であっても、わからないところから勉強し直せば遅れは取り戻すことができます。**

それに引き換え「自分はダメな人間だ」「自分には何の価値もない」と感じて自分の存在価値を低く評価してしまうと、大人になってから何に対しても自信が持てなくなり、取り返すのは簡単ではありません。それどころか、小さなことから挫折しやすくなり「もうどうなってもいい」と自暴自棄になることさえあります。1年単位ではなく、**長期的な視点で子どもを見る覚悟**をもっていただきたいと思います。

〈事例〉
K君
（中学1年生）

K君は、裕福な家庭で育ち、かつ成績もわりといい中学1年生です。時々頭痛や腹痛を訴えるため、両親は体が弱い子どもだと捉えていたようです。

K君の「自己肯定感」は低く、自分はダメな人間だ、親からは何の期待もされていないという考えが強くあって、そういうときに体の不調を訴えていました。

Ｋ君には姉がいて、勉強も運動もできるタイプでした。両親は姉と比較して、「姉はできるのに」「まだまだ努力が足りない」というメッセージをＫ君に送り続けていました。

Ｋ君はパソコンを使って絵を描くことは好きでしたが、姉は絵に興味がなく、両親も単なる遊びと捉えて、絵を描くことを評価してくれることはありませんでした。

両親は、Ｋ君に将来家業をまかせたいと考えているようでした。Ｋ君の姉は、家業は継がない、大企業に勤めて海外にも行きたいと両親に希望を伝えて、それを認めてもらっていたようですが、Ｋ君は家業について自分には聞かれたこともないし、自分の将来も考えることができないと診察時に説明してくれました。

皆さんもお気づきになったことでしょう。K君は、自分から話をすることが得意ではなく、両親にも話をすることがない。一方で、両親からはいろいろ指示をされて、「自己肯定感」が育まれていません。さらに姉と比較されて自分は価値のない人間だという思いが強いところに、両親は自分たちの仕事を継いでほしいという一方的な期待を持っていました。

K君と両親がよく話をするようにアドバイスしても、すぐにはうまくいきませんので、K君には臨床心理士に話を聞いてもらうようにしました。話を聞いてもらうことで、少しずつ自分の考えを整理し、必要なことは両親に話せるようになってきました。

子ども自身が興味を持っていること、たとえば「自分はスポーツが得意だ」「絵を描くのが楽しい」「料理をしたい」などから、好きなこと、優れていると思えること、得意なことを一緒に見つけてあげましょう。それを軸にして、**自分ならではの価値や役割を見出して、自信を積み重ねていく**というプロセスが大切です。このプロセスのなかで、子どもは自我やアイデンティティを確立していきます。

子ども自身が将来を考えられるようにサポートするのが、本来の大人の役目だと思うのです。いかがでしょうか。

子どもの心の不調に、親の「自己肯定感」が関係している

私は、現在もいくつかの病院で診察を行っています。診察する患者さんは、発達障害、うつ病、不安障害、反応性愛着障害、統合失調症など診断名はさまざまですが、共通して、不登校や引きこもりなど、社会との接点が持てなくなることが多いのです。

子どもが不登校や引きこもり状態になると、当然のことながら家族の負担は大きくなります。皆さん一生懸命やっていらっしゃるのですが、**親子関係がうまくいかず、親自身も心身の不調を訴えてくること**があります。子どもはかなり改善しているのに、親のほうの診察が長引くこともあります。

臨床の経験から、親自身が持っている心のトラブルが、子どもの症状につながっているケースはよくあります。子どもより、親のほうが気になる場合もあります。

親がトラウマを抱えていると、親子関係がゆがみやすくなります。自分への否定的な感情が強く、抑うつが強いという診断を子どもにしたら、その親御さんも同じ傾向

だったということもあります。

親の「自己肯定感」が低いと、親が自分だけでなく、子どものことも肯定的に見ることが難しくなります。「自己肯定感」の低い親から否定的なメッセージを受け取った子どもは、自然と「自己肯定感」が低くなります。

〈事例〉
Lさん
（高校生）

Lさんは小学校5年生ごろから学校への遅刻や行き渋りが出はじめ、体が動かせなくなり、表情が暗く、外出できなくなる日が続きました。スクールカウンセラーから児童精神科医を紹介されて発達障害とうつ病と診断され、高校生のときに私のところに転院してきました。

Lさんはマスクを外すことができないでいました。対人関係を築くのが難しく、「他人が気持ち悪い」とも言っていました。Lさんには発達障害の特徴はありませんでしたが、愛着障害があったのです。

私はLさんの母親のことが気になっていたので、あるとき母親に話を聞いてみました。すると母親は、自分が中学のときから叔父による性的虐待を受けていたことを話してくれたのです。叔父から生活の援助を受けていたため、父母は見て見ぬふりをしていたそうです。それで誰も信じられなくなったとのことでした。２人の結婚相手にも暴力を振るわれており、Ｌさんの母親も診察の対象になりました。

Ｌさんの母親の「自己肯定感」は大変低く、過去のことを引きずっていました。

Ｌさんの母親に、「あなたは心に大きなケガをしたままの状態で、日々をがんばって過ごされているのです。失敗したと思うのは心のケガの後遺症であって、決してあなたが悪いのではありません。失敗してもかまわないのです」とアドバイスしました。

Lさんの母親の「自己肯定感」を育むことは決して簡単ではありませんが、母親の「自己肯定感」を支えることによって、二次的にLさんの支援につなげていこうと考えたのです。

子どもと同時に、**親も「自己肯定感」を高めていくアプローチが必要**です。

親子のあいだに愛情の絆が形成される時期に、親自身が自信を持てず、自分に満足していないと、子どもをそのまま受け入れることが難しくなってしまいます。育児をしながら、自分の幼少期のネガティブな要素を子どもに見出してしまうと、子ども自身も「自己肯定感」が保てなくなってしまいます。親の「自己肯定感」も一緒に育んでいくことが必要です。

親の期待を押しつけず、子どもを肯定的に受け止める

いつの時代でも親というのは、「子どもにはこうなってほしい」と理想を描き、期待してしまうものです。それが親心であるともいえます。だから親の気持ちもわかるのですが、子どもはその子ならではの個性をもっていますので、まずその**個性や考え方に親が合わせて、子どもを全面的に受け入れてあげて**ください。

日本の社会では、親が少しのんびり構えたり、子どもの意見に耳を傾けたりすると、

「甘やかしている」などと言われることもあります。ですが、小学生くらいまでは、親として子どもを「守り支えている」時期です。外からの批判に惑わされることなく、**「あなたを守っていくよ」というメッセージを、子どもに送り続けてあげてほしい**のです。

また、子どもは大人の行動やふるまい方に敏感です。親の家庭での接し方と学校や地域での接し方が違っていると、子どもは混乱します。

たとえば、学校の先生の前では「宿題をきちんとやらせます」と言う一方で、家庭では「こんな宿題やる必要はないのにね」と言うのはよくありません。その人の前では同意しておきながら、陰で反対のことを言う。このような親の二枚舌や八方美人的な言動は、子どもに見透かされてしまいます。**ものごとに対して親の態度がブレないことも大切**です。

理想の子育てとは、子どもを**長期的な視野と展望で思慮深く見守る**ことです。思いやりを持って認めながら、個性を伸ばす方向へと導いてあげてください。

第6章

日常の難しい場面で子どもの脳を傷つけない対応のヒント

子どもとのかかわりのなかで「自己肯定感」を高める声かけにはどのようなものがあるでしょうか？　子どもへの対応を具体的に見ていきましょう。

［しつけ編］

何でも自分でできる子になってほしい

親は子どもに「何でも自分でできるようになってほしい」と成果や結果を求めてしまいます。それが親心なのですが、やはり成果や結果を求めて子どもを見ていると、期待通りにできない子どもにイライラしてしまいます。勢いにまかせて「なんでできないの！」「ちゃんとやりなさい！」と感情をぶつけてしまったり、先回りしてあれこれ手や口を出したくなることもあるでしょう。

ところがこうした親の言動によって、子どもはダメ出しをされ、自分への自信がなくなり、「自己肯定感」が下がってしまうのです。

親の期待というのは、子どもにとっては受け身の感情。押し付けられると「自己肯定感」が下がる。この原則を意識しておきましょう。

子どもの「自己肯定感」が下がって自分で努力しなくなり、親がさらにイライラしてしまう。そこでまた親が子どもを叱責する。このような悪循環は避けたいところです。まずは**親の期待値を下げ、余裕があるときに、子どもにはどのくらいが実現可能なのかを考えて**おきましょう。

たとえば、出かける前に小学生の子どもがゆっくりと準備をしていたとします。きょうだいと遊んだりしてなかなか準備できません。出かける時間が迫ってくると、「早くしなさい！」「もう連れて行かないからね！」などと怒ってしまうことはよくあるでしょう。

でも、「時間に合わせて行動を調整する」ことは、まだできないのです。時間に合わせて行動する能力は、神経心理学では「実行機能」と呼ばれます。この能力は、計画を立てる、計画通り進んでいるかどうかを判定する、計画通り進んでいないのであれば行動を修正する、などのプロセスをくり返して身につくものです。このことを小学生の子どもがつねにできることは難しく、また個人差も大きいのです。**やり方をアドバイスしてちょっとだけ手伝ってあげたり、励ますような声かけをする**のはいいと思います。たとえ靴下を左右逆に履いていようが、裏返しで履いていようが、少々のことには目をつぶり、**大らかに見てあげること**が大事です。

子どもがいたずらをしたとき

赤ちゃんでもハイハイなどで移動ができるようになると、すぐにはじめるのがいたずらです。移動していった先々で目にした物をいじり、口に入れたりします。ティッシュペーパーを引き出したり、いたずら描きしたり次々とやってくれるでしょう。

いたずらは大人から見たら困ったことでも、子どもにとっては「やってみよう！」という**自発性に基づく好奇心の現れ**です。注意されたことを記憶して、同じことをくり返さなくなるのは2～4歳ごろからです。それまでは、いたずらを禁止したり叱ったりするのではなく、**いたずらされてもいい環境を整える**ことをまず考えましょう。子どもの手の届くところに危険なもの、いたずらされたくないものを置かないのが基本です。

もう少し大きくなると、子どもに善悪を教えることは大事ですが、叱り方によっては子どもの「自己肯定感」を下げてしまいます。いたずらを「悪い子のすること」として叱ると、「自分は悪い子」というセルフイメージを持ってしまいます。

叱るときは、子どもの人格を否定するのではなくて、「○○をしてはいけないよ」、できれば「△△しなさい」と**正しい行動を提示し、否定語をくり返さない**ようにしましょう。「走り回らないで！」よりは「静かに歩きなさい！」などがベターな伝え方です。

子どもにとって「叱られた」という否定的な体験ではなく、**教えてもらったという肯定的なメッセージ**になるほうがよいですね。「それでいいのか？」などの疑問形や、「二度とくり返さないで！」などと反省を求めるのではなく、よくない行動についてはっきり叱る＝メッセージを与えて、時間がたってからではなく、**すぐに伝えること**

も大事です。

いたずらはやりたくてやっている**自主的な行動なので、好奇心や集中力が培われます。**好奇心の強い子どもは非常に積極的で、興味のあることに打ち込むエネルギーを持っています。好奇心は、大人になっても非常に大切です。**創造的な仕事をするようになるスタートは、じつはこのいたずら時代にある**ことが多いものです。

子どもがうそをついたとき

「自己肯定感」が育まれる前の幼児期に、子どもがうそをつく背景には、自分の失敗を隠そうとしている、親の関心を引きたい、本当はこうだったらいいなという空想、などが考えられます。このようなうそに、親が厳しく問い詰める、叱りつけるなど過剰に反応してしまうと、子どもが委縮してしまうばかりか、親から正しい行動を教えてもらう機会を逸することにもなりかねません。

幼児期に見られるのは、ほとんどが問題のないうそです。

幼児期には、空想や「こうだったらいいなぁ」という願望から、真実ではない話をしてしまうことがあります。成長過程によく見られるもので、誰かをだまそうというものではありませんから、大目に見て問題ありません。

また、人の関心を引きたい思いから、うそをつくこともあります。親に「先生にほめられた」とか、友だちに「ゲームをいっぱい買ってもらった」と言いふらすような、実際にはない話をしてしまううそです。「自分に関心をもってほしい」という寂しさの裏返しなど、別の原因が隠れているかもしれないうそには注意してください。

そういう場合はまず、子どもの話をしっかり聞いてあげることです。**うそから読み取れる子どもの心のSOS**を早めに察知し、うそがくせにならないように。

親が厳しくて本当のことを打ち明けられず、怒られたり責められたりすることを避けるためにうそをつくことがあります。子どものうそで悩んでいる方は、いちどご自分の子どもへの対応について振り返ってみると、何かわかるかもしれません。

子どものいい面を見つけてよくほめるようにすると、親に認められたいという欲求が満たされ、うそをつく必要がなくなることもあります。うそをついたことを叱るよりも、**「うそをつくことは、何の解決にもならない」と言い聞かせ、「うそをつかれると、とても悲しい」という親の気持ちを伝える**ほうが、効果的です。

「自信がない、恥ずかしい」と言って固まるとき

人の目を強く意識するのは小学校に入るころからです。人前でも「駄々をこねる」「遊びに夢中になる」のは、発達学的に、まだ他者を強く意識していないということができます。幼児期にすでに人目を強く意識して固まってしまうのは、もっとも身近な他者である親との間で緊張が強い子どもである可能性があります。注意される、叱られる際の緊張が人前でも見られるということです。それぞれの個性にもよりますが、もしお子さんにそのような傾向が見られたら、お子さんを**極力叱らない**ようにしてみてください。

人の目を意識するようになると、緊張して身動きがとれなくなることもあります。

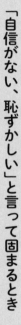

こんなときは、**「無理しなくていいよ」と安心させて**あげてください。**背中にそっと手を当てるなど、スキンシップ**も子どもの心を落ち着かせる方法です。

子どもがモジモジして言いだせずにいると、沈黙に耐え切れずに、つい親が代わりに言ってあげることはありませんか？　気持ちはよくわかりますが、お子さんの心のなかでは「言わなくても親が答えてくれる」と頼るようになってしまいます。うまく言えなくてもいいので、**子どもが発言の練習をする機会と考えて、口を出さない**ほうがいいでしょう。

自信のない子どものなかには、性格的に慎重なタイプもいます。子どもの成長のペースがありますから、**自分なりに話し始めるタイミング**を待ってあげましょう。急がせて「早く言って」とか「何でできないの！」という言葉は、そのタイミングを逃してしまうばかりか、「自己肯定感」も下げてしまいます。**ときにはあえて人前に出るのを避けることも必要**かもしれません。このときに失敗を体験してますます慎重になるよりは、1回休みで次を目指したほうが得策です。

「○○ちゃんはできているのに」とほかの子どもとくらべてしまうと、さらに「自己肯定感」は低くなってしまいます。また、親のかかわり方が原因で発言できないこともあります。

うまく言えなかったことがあると、苦い経験を思い出して、あのときのような失敗をしてしまったらと委縮してしまい、恥ずかしがり屋の原因となっていることもあります。できたときには、**「できたね」と言葉で伝えて**あげましょう。

小さなことから少しずつ自信をつけてあげる。スモールステップでひとつずつ積み重ねていって、「できたね」をくり返していくことです。**注目されすぎず、かといって相手にされないこともない**、子どもがコミュニケーションを取りやすい場。日常生活でそのような環境が増えるように心掛けてみましょう。

きょうだいげんかをするとき

きょうだいのいるご家庭では、子ども同士のトラブルに悩まされることは多いでしょう。目の前でくり広げられるきょうだいげんかは、親にとって大きなストレスになります。そうすると、どうしても親が仲裁に入ってしまいがちです。

親の前で「自分が正しい！　あいつが悪い！」と言い合っていると、親が介入して決着してくれるので、それを望んでいるふしもあります。そんなとき、親に認められた子どもは優越感に浸り、もう一方の子どもは納得せずふてくされてしまいます。どちらか一方を叱るパターンが固定化している場合は、叱られた子どもはおもしろくないので問題行動へつながることがあります。

〈事例〉
M君
（小年3年生）

小学3年生のM君は、「小さい弟をいじめた」と、理由も聞かずにいつも親から叱られていました。

M君は「弟をいじめる悪い子」と決めつけられ、自分を認めることができませんでした。学校でもほかの子どもをいじめていて、問題になってきました。M君の「自己肯定感」は、親からの決めつけによって、ますます下がってしまっていました。

きょうだいげんかは**本人たちに解決してもらう**のがいちばんです。子どもたちで解決できる問題は、自分たちで解決するのです。親が介入すると納得しなくても、自分たちで問題を解決すると子どもたちの納得感が違ってきます。問題が解決できたことで、「自己肯定感」もアップします。

子どもが「たたかれた〜」などと言って悔しくて泣きながら来たときには、どちらが悪いとか、何がいけないとか判断するのではなく、「嫌だったんだね」「痛かったね」と**気持ちに寄り添ってなぐさめるだけ**で大丈夫です。

ただし、危ないことがないように見守ることは大事です。あからさまにどちらかが悪いときや、ひどくたたく、物を投げつけるなどの**危険行為は介入**する必要がありますが、それ以外は放っておくほうがいいでしょう。

介入するときは、**問題の解決方法の選択肢**を子どもたちに示して、自分たちにベストな方法を選択するように促していくといいと思います。きょうだいだけで解決できないときは、子どもと親しい友だちに相談すると解決のヒントになることもあります。

［日常編］

「学校に行きたくない」と言うとき

残念ながら、日本の現状として、**「学校に行きたくない」という気持ちを持っている子どもがほとんど**である、ということを理解してください。ただし、ここで学校の問題点についてふれることは、趣旨からはずれますので言及することはいたしません。

学校に行きたくないという気持ちがあっても、**ほとんどの子どもは学校に通っていますし、一時的に休んでもすぐに復帰する**ことができます。

親は、「学校で何か問題があったのだろうか」と心配する気持ちと、「休みぐせがついてしまうのでは」という不安で頭がいっぱいになってしまうと思います。

なぜ学校に行きたくないのか、まず**子どもの話を聞きましょう。**静かなところで、子どもの話をさえぎらずに、最後までただ聞くことです。親の意見を言いたくなっても、**子どもが話し終わるまで待つこと**が大事です。子どもが話してくれて状況と原因がわかったあとでなら、親の意見を伝えてもいいでしょう。

このとき、子どもがすんなり話してくれるようならいいのですが、親には話したくないことがあるかもしれません。話したがらないときには、無理に聞きださずにそっとしておくことです。**言ってくれるまで待つことが、子どものプライドを尊重し、「自己肯定感」を高める**ことになります。親子の信頼関係もよくなります。

通常は長くても1～2週間で改善しますが、それでも改善しない場合、子どもがプライドを傷つけられた、あるいは嫌な体験があって状況が改善していないことが背景にあります。

周囲からすると些細な出来事に思えても、本人にとっては重大なこともあります。たとえば「友だちの意見に、そうではないと伝えることができずに、友だちが誤解しているのではないか」と思い込んでしまい、今さらそれを伝える術《すべ》がなく、学校に行きづらい、と考えているかもしれません。親に思い切って相談しても相手にされなかったという場合もあるでしょう。

そのような様子がみられたら、親子だけで解決しようとするのではなく、**スクールカウンセラーなどに相談**してみることも考えてください。

いじめの被害者になっている可能性を感じたとき

いじめと「自己肯定感」には深いつながりがあります。いじめられると自分に自信がなくなり、自己否定してしまう場合が多くあります。自分を愛する気持ちである「自己肯定感」は下がる一方です。

子どもの様子がおかしい、子どもがいじめられているかも、と感じたら、まず子どもを**よく観察**してください。**学校に行くときの様子、帰ってきてからの様子、行動、食欲など**をよく見ていてください。

いじめに遭っているのかもしれないと感じたとき、親が心配のあまり聞き出したいと思うのは当然ですが、子どもは親には話したくないこともあるはずです。

いじめられている子どもは一人で悩みを抱え込んでいることが多いのです。親に隠そうとするのは、いじめられている自分を恥ずかしいと感じているからかもしれません。そんな状況で根掘り葉掘り聞かれることは、本人にとっては逆に、傷口に塩を塗られているようなものです。聞き出そうとせずに、**そっとしておいてほしい**のです。「話したくなったら話して。いつでもいいよ」というメッセージだけを伝えてあげてください。強制的ではなく、子どもに選ばせることが、子どもを尊重することになります。

状況がわかってきたら、子どもと同じ立場で一緒に対応していきます。大人は世の中が広いことを知っています。今のところでがまんしないで学校を変えてもいいし、ほかにも**いろいろな道がある**ことも教えてあげましょう。親は**「断固として守る」というスタンス**で立ち向かってください。親の覚悟は子どもを安心させて、下がる一方だった「自己肯定感」の回復につながるでしょう。

自分の子どもがいじめの被害に遭ったときに、相手の子どもの親と直接話をしてみても、責任転嫁されるなど、まったく解決につながらないことも多いようです。その理由は、いじめる子の親自身も、他人を信頼することができないからだと思われます。

いじめ被害に遭ったら、当事者の親同士で無理に解決しようとするのではなく、**学校に相談**してください。

学校が働きかけても解決しないこともあるため、文部科学省は、**学校に「スクールロイヤー」という弁護士を配置する方針**を決めています。

いじめの加害者になっている可能性を感じたとき

いじめるほうもまた、「自己肯定感」が低いことがわかっています。いじめる側が、家庭環境に問題をかかえていることは、しばしば見受けられます。

とくに、幼少期に親と子どもの間に愛着という信頼の絆が形成されていないことが多くあります。いくら家が裕福であっても、子どもの成績が優秀であっても、愛着形成ができていないと、子どもは自分の存在意義・存在価値を感じにくくなり、「自己肯定感」が低くなってしまいます。そのため、他人を信頼することができず、攻撃的・反抗的な態度をとり、いじめにつながっていくのでしょう。

「自己肯定感」が低い人は、人との立場の上下に敏感です。自分より格下の人間に対しては、劣等感を発散できる絶好の攻撃対象と考えます。弱い相手だと攻撃しても反撃してくる可能性が低いため、嫌がらせをして苦しめたくなります。

いじめ問題は「攻撃性の問題」と思われがちですが、根本には「自己肯定感」の低さという原因があります。

自分の子どもがいじめの加害者であった場合は、家族の問題として話し合う場を設けてはいかがでしょうか。

そのときに叱りつけるのではなく、子どもの話をよく聞いて子どもとの信頼関係を築くこと。そのうえで、親の見解を伝えることも大事なことだと思います。**どんな理由があろうと、いじめはいけない、人の心を傷つけてはいけないと、叱ることも大人の役割**だと思います。

子どもたちの世界では、SNSでのトラブルなども多くなっていて、いじめが陰湿化しています。ネットいじめは、親子で解決しようとしても難しいこともありますので、早めに学校など諸機関に相談してください。

習いごとを「やめたい」と言うとき

子どもが「やりたい！」と言って始めた習いごとなのに、「もうやめたい」と言われたら、親としては戸惑うことでしょう。

「あれだけやりたいというからやらせたのに、やめちゃうなんて情けない子！」「これから何をやっても続かないよ！」と、感情的に決めつけてしまうのは、「自己肯定感」を決定的に下げてしまいます。親の気持ちを優先して、子どもの主張を頭ごなしに否定することは、よくありません。

「許しません」「発表会があるから、それまで続けなさい」などの命令口調もよくありません。このような声かけは、子どもの「自己肯定感」を下げてしまいます。

子どもは勇気を出して「やめたい」と言ったのかもしれません。子どもが**「やめた**

い」と言うからには、それなりの理由があるはずです。

本人に理由を聞いてみましょう。そのときに大事なことは、「やめたい」と言い出した言葉の裏に何があるのか、子どもの**隠された気持ちに寄り添う**ことです。

「何かやめたくなることがあったの？」「そうなんだ。やめたくなったんだね」「がんばってたのに、どうしたの？」と、あいづちを打ちながら聞いてあげてください。自分で言葉を探すうちに、子どもが自分の心のなかに隠れていた気持ちに気づくことがあります。

「スイミングが疲れる」だったり、「サッカーが練習してもうまくならないから、やる気がなくなっている」など、習いごとをやめたい背景には何かしらの理由があるはずです。先生や仲間との相性もあるかもしれません。

よく話を聞いてみると、気持ちを言葉にしていくうちに頭が整理されて、「もう少し、やってみようかな」などと、自分で解決の糸口を探り出すことも多いものです。

どんなきっかけで今の習いごとを始めたのかを思い出してみると、やめたがる理由が見つかることもあります。「周りの子が英語を習っているからうちも」というように親がやらせたのか、思い出してみましょう。もし**親の一方的な希望だったら、軌道**

修正してあげてください。

習いごとは子どもが楽しんで才能を伸ばすこと。ひとつのことにこだわるのではなく、**いろいろやってみて見つかる**こともあります。

子どもが習いごとをやめたいと言うときは、**子どもが考える機会であり、親が子どもと話し合うチャンス**でもあります。

毎朝「早くしなさい！」とイライラする

起こしても起きない、ノロノロ朝食を食べる、テレビに目を奪われて朝の用意ができない、そんな子どもに「早くしなさい！」と声を張り上げてしまう。朝のおなじみの光景というご家庭は多いと思います。

朝、起きられないのは睡眠不足ではありませんか？　夜が遅い生活を改めて、できるだけ**子どもの睡眠時間を確保**する努力をしてみましょう。

朝の時間は大人の都合で決められています。**子どもは、多少なりとも朝が苦手**である、ということは意識しておきましょう。**思春期前後の子どもは一般に夜型**で、午後からの授業を選べる高校に人気が集まるのもそのためです。

親がイライラして「早くしなさい！」と言ったところで状況は変わりません。毎朝「早くしなさい！」と急き立てられては、子どもの「自己肯定感」は上がりません。朝から急かされて送り出されると、落ち着かない気持ちを引きずって学校に行くので、授業に集中できなくなる可能性があります。

いつも「早くしなさい！」と口ぐせのように言われていると、親の言葉を聞き流すようになってしまいます。何度言われてもできない自分にイライラし、自信が持てなくなってしまう子どももいるでしょう。

こうした状況を変えていくには**「早くしなさい！」というお決まりの言葉を言っても効果がないことを理解して、言わないと決める**ことです。

また、「早くしなさい！」に変わる別の言葉を言うのもいいでしょう。「10分早く出ると、一番になるよ」「時計の長い針がここに来るまでに、できる？」「さっさとやって、ゆっくりしよう！」など、**肯定的で具体的な言葉**に変えていくと、子どもの対応に変化が出てくるかもしれません。

いろいろと工夫することに加えて、**親自身が気持ちにゆとり**を持つことも大切です。朝、時間に間に合うように準備をすることは、子どもがもっとも**苦手なことを毎日繰り返し練習している**のと同じだと考えてみてはどうでしょうか。

宿題があるのにゲームをしている。寝る時間までに時間がないのに！というとき

これは、夜の時間の使い方が管理できていないということになります。優先順位を決める、時間配分を考える、うまくいかないようであれば軌道修正を行う。大人ならできることも、目先のことに集中してしまい、子どもはなかなかできません。127ページでお話しした、実行機能の獲得とも大きく関係しています。

学校から帰ってきて、多少マンガを読んだりゲームをしたりするのは気分転換と考えて許せても、夜になってもまだ宿題をしていないと、親としては気が気ではありません。怖い顔で「宿題したの？」「さっさと先に終わらせなさい！」と命令口調になり、続けて怒りの言葉があふれ出してしまうこともあると思います。

子どもに「さっさと終わらせなさい！」と言っても、「はい、わかりました。すぐやります」と素直に従うことはほとんどないでしょう。かえって、「うるさい！」と反抗されて険悪な状態になりかねません。そんなときの子どもの気分は最悪です。強制されればされるほど、やる気もなくなってしまいます。「自己肯定感」はどんどん下がってしまいます。

子どもが**宿題をやりたくない気持ちは理解してあげましょう。**親の目から見ても、宿題が多すぎる、あるいはやらなくてもよいと思える内容があるかもしれません。だからといって、まったくやらないのではなく、**最小限自分のできるところ、重要だと思うところは必ずやる**というように促してください。

まずは、時間配分を親が提案してみてください。楽しいこと、宿題、お風呂などの**生活習慣や寝る時間をあらかじめ子どもと相談**して目安を決めておきましょう。その通りいかないことがあっても、そのときは「約束を守らない」と叱るのではなく、子どもに修正させてみましょう。ときには「朝早く起きて宿題をやる」という提案もあるかもしれません。**自分で「このやり方ではダメだ」ということに気づくまでは、本人にまかせてみましょう。**

散らかしっぱなしで片づけないとき

親の悩みでよくあるのが、子どもが片づけないというものです。

ランドセルを玄関に置きっぱなしにしておく、お風呂から出たらタオルがそのへんに落ちている、ゲームを片づけない、お菓子のパッケージをゴミ箱に捨てないで床にポイと捨てるなど、まだまだあるでしょう。

そんな子どもに、「片づけなさい！」「散らかしっぱなしにしない！」「だらしないな、もう！」とガミガミ言う日々は、本当に疲れることと思います。言われる子どもも、気分がいいはずはありません。

いちいち**注意すれば改善されるならともかく、効果がないのでしたら、やり方と言葉かけを変える**ことです。子どもの「自己肯定感」を育てるという意味でも得策だと思います。

たとえば「片づけなさい！」ではなく、「ランドセルを棚に置いてきて」「タオルは、かごの中に入れて」と具体的な行動を言葉にし、「もうすぐご飯ができるから、テーブルの上をきれいにしてね」とタイミングを知らせるのです。「何回言ったらわかるの？」などと感情的にならずに、**冷静に事実を伝える**ことです。

身のまわりの片づけを習慣化するには、「自分のことは自分でする」という自立の基本をしっかり植え付けることです。**「子どものする仕事」をはっきりさせて、自分でするのが当たり前と伝え続ける**のです。

口では文句を言うのに親がやってあげていると、「自分がするべきこと」という概念が子どものなかに定着しません。ガミガミ言われてもそれを無視して放っておけば、いつの間にか親がきれいに片づけてくれると知ったら、自分から片づけようとは思わなくなります。親の辛抱と覚悟がいりますし、そのときは時間はかかりますが、**促し**

ながら見守り導いていくほうが後が楽です。

小さなことでも、できたときには「できたね！」「やったね！」という言葉をかけ、成功体験を積み重ねると、片づけの習慣化と子どもの「自己肯定感」の両方が育っていくと思います。

とは言いながら、私自身も片づけが苦手で部屋が散らかっており、アドバイスできる立場にないのですが……。

「ウルセ〜！」「クソババア！」など、ひどい言葉を使うとき

子どもたちの言葉の乱れを危惧している大人は多いでしょう。

幼稚園の子どもたちの間でさえ、「キモッ！」「ウザッ！」という言葉が横行していると聞いています。仲間同士の言葉なので、目くじらを立てる必要はないのかもしれませんが、大人は気になります。反抗期の子どもの乱暴な言葉も、その延長線上にあ

るのでしょう。

子どもの精神発達の特徴として、社会性や対人性の発達よりも、言葉の発達が先になります。**小中学生が生意気なことを言う、あるいは「有言不実行」と思えることは、発達の順序から考えると、よくある傾向**ということです。

それゆえ、「なんでそんな言い方をする！」「そんな言葉使いは絶対に許さない！」と怒鳴ったり、感情的になって言い返すことは、子どもの挑発に乗るだけになります。**反抗期の子どもとコミュニケーションをとるには、言葉そのものよりも、言葉に隠れているメッセージを探る**ことが大事だと思います。

日本の子どもの「自己肯定感」は10歳ごろから急に下がってきます。自分の価値を自分で認めていないし、大事にしていないのです。そんなときに親に高圧的な態度をとられたら、子どもはますます自分の価値を低く感じるでしょう。命令や支配しようという意図が見えると、さらに反発したくなります。

反抗期の子どもは、もう子どもではなく、ひとりの人間として扱ってほしいのです。親が**一方的な命令や指示をやめて、ひとりの人間として尊重**することで、「反抗的な態度」が収まることがあります。子どもへの接し方や、言葉かけを変える必要があるかもしれません。親が変わると、子どもの態度も変わり、「自己肯定感」も上がっていきます。

親も人間ですから乱暴な言葉を言われたら不快な気持ちになります。そのようなときには、対等の関係として、自分の気持ちを伝えていいのです。

「そんなことを言われて、嫌な気持ちになった」「悲しい」「腹がたった」など、親が子どもに自分の気持ちを伝えることです。子どもを責めるのと違って、**親が自分の気持ちを伝えることは、悪いことではありません。**

指示した通りにやらない、言うことをきかないとき

子どもは**「自分で思いついた」「自分で考えることができた」「自分でやってみたら、できた」**という、内発的な動機付けによる行動を通して「自己肯定感」が育まれていきます。

親が先に指示をすることが必要な場合もあるでしょうが、できるだけ選択肢を与えて、「自分で決めた」「やってみようと思った」という経験を持つように導くことが大切です。

自分がやりたいことをやり、そのプロセスが困難であってもそれを乗り越え、やり遂げたときに、自分を認める気持ちが生まれます。親に指示されたとおりに行動して、仮にうまくいったとしても、それは「自己肯定感」にはつながりません。

次の指示を待つ、指示されたことができたというくり返しでは、親の思うように育っていくかもしれませんが、「自己肯定感」は育まれず、思春期以降に「自分がやりたいことを何ひとつやらせてもらえなかった」という、被害意識を持つようになりかねません。

親というのは、できれば子どもが苦労や失敗をせずに、幸せへの道を最短距離で進んでもらいたいと思うものです。だから「経験豊富」な大人である自分が、知恵や知識を授けて、間違った道に進まないよう導いてあげようとするのでしょう。しかし親自身も、失敗や間違いをして、そこから気づきを得て成長しているはずです。**人間の成長には、失敗や間違いが必要**なのです。

物質的に恵まれ、かつ安全な環境にある日本の子どもの「自己肯定感」が低い理由には、自分の考えで行動する能動的な体験が少ないことがあると推測しています。「自己肯定感」を育むには、指示した通りにやらせる、言うことをきかせるのではなく、**子どもが自発的な発想と行動をとるように導くこと、子どもの意思を尊重することが**重要です。

公共の場で子どもが騒ぐとき

子どもの声がうるさいからと、保育園や児童施設が近所にできることに反対している住民がいるというニュースがありました。いつから、こんなに子どもに優しくない国になってしまったのでしょう。子どもは社会で育てるもの。親だけの責任にしないで、周りも温かく見守ってほしいものです。

外出したときに子どもが泣いたり騒いだりすると、「うるさい。子どもを泣かせるな」という世間の白い目にさらされて、嫌な思いをした親たちの声をよく聞くようになりました。心ない言葉を浴びせられて、外出を怖がる母親さえいます。

このようなことがあると、親自身の「自己肯定感」も保てなくなります。**泣いている子どもを白い目で見るような人は「自己肯定感」の低い人だと割りきって、その場をきり抜ける**方法を考えてみましょう。

人の視線を気にして子どもを注意するのではなく、**子どもが大人になり社会に出ていくときのために、公共の場での振る舞い方を教える**ことです。

たとえばショッピングモールで走りまわっている子どもに、「ここは静かに買い物をするところだよ。大勢の人がいるから、走ると人にぶつかるよ。みんなが気持ちよく買い物できるように考えて行動しよう」と伝えることです。

言葉だけでなく、視線や表情も加えて、子どもにはしっかりとしたメッセージを伝えてください。

子どもは**理屈に合ったことなら納得する**ものです。それでも、言われたのを忘れて、また騒いでしまうこともあるでしょう。そんなときは**目を見て、短くビシッと叱る**のがポイントです。絶対にやってはいけないことについて、次にやったら（事前に通告している）罰を与えざるをえないでしょう。何度言っても直らないということもあると思いますが、**淡々と伝え続ける**ことです。

ただし、やってはいけないことの数が多いと、子どもはつねに叱られているという思いを持ちますので、**優先順位の高いものから3個程度**、決まりごととして実際に守らせてください。時間がかかっても、**いずれはできるようになっていきます。**

「自己肯定感」を下げる叱り方は、感情的に大声で罵倒することと、いつまでもクドクドと叱り続けることです。子どもにもプライドがありますから、大勢の人の前で叱られるのは嫌なものです。

また、「お店の人に怒られるよ」などという注意の仕方は、子どもに「いけない理由」がわからないので、よくありません。世間を気にして叱るのではなく、**子どもの将来のために**叱ってあげてください。「公共の場での振る舞い方を知らないと、あなたが困るよ」と教えるのです。

わが子が待ち合わせにいつも遅れているとき

ある母親から、「小学6年生の娘は出かける支度が遅くてグズグズして、いつも親子げんかになってしまいます。どうしたら時間どおりに行くようになるのでしょうか」という相談を受けました。友だちとの待ち合わせにいつも遅れていくので、友だちがいなくなってしまうのではと不安だったようです。

子どもを心配する気持ちはわかりますが、待ち合わせ時間に遅れるのは子ども自身の問題です。厳しい言い方ですが、迷惑をかけて友だちがいなくなってしまうとしても、**痛い目にあって初めて気づくことがある**ものです。

その母親には、親の責任と思う必要はないのだということをお話ししました。そして、「なぜあなたが娘さんのことを心配しているのかを話してあげてほしい」と、娘と話をすることをすすめました。

娘は母親のことを「ただ文句を言っている」と受け取っており、その後ろにある親の思いには気づいていませんでしたが、**親の気持ちを知って、前よりも遅れることが少なくなってきた**とのことでした。それをきっかけに、**親子で話す機会が増えた**そうです。

親から「早く、早く」と急き立てられて家を出ていくのと、自分で時間を計算して段取りを考えながら出かけるのとでは、「自己肯定感」がまったく違ってくるのではないでしょうか。

子どもが自分ばかりしゃべっているとき

朝起きてから夜寝るまでずっとしゃべっていて、いつも「聞いて！　聞いて！」と言ってくるので、とても疲れてしまいます、という相談がありました。

母親の説明によると、初めは子どもの話を聞いてあげようと思っていても、だんだんイライラしはじめて、最後にはいつもムスッとした顔になってしまい、子どもの「聞いて！　聞いて！」を無視したり、「少しだまっててくれない？」と言ったりしてしまうそうです。

子どもは、母親にかまってほしいのでしょう。けれど毎日だと親も大変です。そういうお子さんには、ある程度話を聞いたら、「もう少しまとめてお話ししてくれるとうれしい」「最初に聞いてほしいことを言うと、わかりやすいよ」など、**話がまとまるようにアドバイス**してあげてください。

また、いつも聞いてあげるのは大変なので「○○ちゃんとずっとお話ししたいけれど、仕事があるから本を読んでいてね」「今はごはんを作っているからあとでね」などと、仕事や家事を理由に切り上げることもいいでしょう。**相手をしたいけれど無理という気持ちを伝える**のです。

おしゃべりなお子さんはきっと、大きくなっても親といろいろ話してくれますよ。**お子さんの明るさを大切にしてあげてください。**

ところで、この相談の方は、子どもが発達障害ではないかと心配されていました。

一般論ですが、しゃべりすぎる子どもは、発達障害というよりは「親にかまってほしい」ことが多いのです。まずは、親以外の人に対してもそうなのか、保育園、幼稚園や学校、友だち関係でもその傾向があるかどうか、確認してください。

ＡＤＨＤ（注意欠陥・多動性障害）の場合は、どの人に対してもそのような傾向が見られます。また会話だけでなく行動もめまぐるしく変わることが特徴です。

一方、自閉症スペクトラム（精神医学の診断名は自閉スペクトラム症）の場合は、自分の思っていることをひとつひとつ確認したいだけ、あるいは、自分が話す内容は誰もが興味を持つ重要なことと思い込んで、聞き手のニーズに応じた話ができないのです。「何時何分にバス停から何メートルのところで……」など、聞き手には必要のない細部にまでこだわって、一方的に話をすることもしばしばあります。

もしこれらのような傾向があれば、「子どものこころ専門医」などの専門家に相談することをおすすめします。

口が達者で、へ理屈をこねるとき

頭の回転が速く口が達者な子どもは、一見利発に見えますが、じつは対人関係でトラブルになることが多くあります。もし戦闘モードで話しているようなら、友だちと仲よくなるのは難しく、コミュニケーションがうまくとれていないと思われます。

「自分は親を言い負かせる」と思っているのは自信過剰です。「自己肯定感」が高すぎると捉えていいでしょう。

子どもは社会性や対人性よりも言葉の機能が先行して発達します。いくら口が立つといっても、そこは社会経験のない子どもですから、机上の空論のことも多いでしょう。**このまま社会に出たら通用しないことを教えたほうが、子どものため**だと思います。**議論で勝ったからといって、親より偉いということにはならないですし、親に敬意を払うことも大切**です。

「へ理屈だ」「生意気言うんじゃない！」「誰に養ってもらってるんだ」という言い方は、口達者な子どもからは反発されるだけです。**大人が勝とうと思わず**、聞き流して気持ちを受け止めてあげてください。

話のなかにどうしてもへんだなと思うところがあれば、「こう思う」と親の意見を伝えましょう。子どもが口答えしてきても、「あなたの意見はそうかもしれないけど、私はこう思うよ」と、**親が自分の意見として伝える**ことは大事です。

また、例外を提示することも有効です。たとえば、「視力が弱い人」「耳が不自由な人」「お母さんが病気だ」という条件だったら、その意見は通用するかなどと提示してみます。そのようなとき、子どもは議論を避けますが、**しだいに多様な場面での考え方が必要だと気付いていく**でしょう。

口が達者、というのは自分の意見をしっかり持てていることです。自分の考えを主張できるのはいいことですので、そこを認めながら、**他者の話を聞くことや議論をすることの必要性を教えて**あげてください。

自分の自慢話ばかりしているとき

自分の自慢話ばかりしていたら周囲から嫌われてしまうことを、大人である私たちは経験上知っています。ですから、子どもが自慢していると心配になってしまうでしょう。

でも、**幼児のうちは年齢的に自慢したい時期**です。「補助輪なしで自転車に乗れたよ」「字が書けるよ」と、自分ができるようになったことや得意なことを言って、周囲から認めてもらいたいのです。「自己肯定感」が育ってくる時期ですので、こうした自慢でしたら**どんどん言わせてあげてください。**

日本の子どもの「自己肯定感」が低いのは、幼児期に自慢話をさせてもらえず、「自分はできた」「満足した」という実感が乏しいのかもしれません。その経験がないと「自己肯定感」を保てないまま思春期を迎えて、さらに低下していきます。小学生になるまでは、「自己肯定感」を育む重要な時期として、**たくさん自信をつけさせてあげましょう。**

とはいえ、「もう何回もパパにディズニーランド連れて行ってもらってるよ」「これ（高価なもの）、買ってもらっちゃった」というような自慢は、聞いている人のなかに淋しい思いをする人もいます。

度が過ぎた自慢だと思ったら、前項の例外の提示です。「パパが忙しい人、いない子は、その話を聞いてどう思う？」「病気の治療代がかかって、高価なものが買ってもらえない人は？」など。「自慢すると嫌われるよ」と教えるより、**言われた相手の気持ちを代弁してあげて、自分で気づくように**考えさせてみましょう。

小学生になるころには、自慢していると嫌がられる経験をして理解することもあります。**失敗を経験することで、わかる**ことは多いものです。

学童保育で友だちを泣かしたり、暴れたりして、「家や学校でがまんさせすぎているのでは」と指摘されたとき

学校や家庭ではまったく問題なく、むしろいい子だと思われている子どものなかに、放課後の学童保育で大暴れをしたり意地悪をしたりする子どもがいると関係者から聞いたことがあります。この割合が近年多くなってきたそうです。

子どもは親や周囲の様子をよく見ています。自分に何が期待されているかわかる子どものなかには、親の顔色をうかがって「いい子」として振る舞う子どもがいます。家でいい子にしているのは、親に嫌われたくないからです。

学校では規律がはっきりしており、先生の目も気になるのか、「いい子」でいると得だということが子どもなりにわかります。

ところが、これといったしばりのない児童館や保育施設では、たまっていたストレスを発散したくなるのでしょう。

子どもが自分の気持ちを素直に表せないまま過ごしているとしたら、どんなに恵まれた環境であっても心が寂しいのです。幸せそうに見えても、「自己肯定感」は高くはないはずです。

抑えつけていた感情が、思春期以降に親や学校への反抗という形で現れたり、自分の居場所を見出せずにひきこもったりするなど、子どもが問題行動に向かってしまうということもあります。**「がまんさせすぎているのでは？」という指摘を、小学生時代に受けたとしたら、ラッキー**だったかもしれません。

子どもに家庭では見せない顔があるなら、話を聞く機会をつくりましょう。いい子として振る舞わなければならない原因が、親の側にないのかを考えてみる機会にしてください。

時間をゆっくりとってリラックスした雰囲気のなかで、子どもの話を聞いてください。子どもが素直に自分を出せるように、否定せずに受け入れてあげましょう。

［勉強編］

受験は「自己肯定感」を上げるか下げるか

受験のシステム自体が、子どもにとって「選ばれる」という受け身の体験ですので、受験そのものは「自己肯定感」を下げる要因となると考えられます。「自己肯定感」を保ちながら受験することは可能なのでしょうか。

「自己肯定感」の高い子どもは、受験が「他者からの押し付け」でない限り、自分自身でチャレンジする力を持っています。親や周囲が「無理かな」と思っていても、子ども自身は「できるはずだ」とチャレンジしていきます。「成功体験」を積み重ねてきているので、自信を持っていますが、逆からみると「失敗体験が少ない」こともあります。うまくいかなかったときに、一緒になって解決法をさがして成功体験に変えていくことで、「自己肯定感」を高めながら受験にチャレンジすることができます。

幼少期における達成感の体験が乏しい子どもの場合、「自己肯定感」が低く、勉強自体を「やらされている」という受動的な感覚で受け取ってしまいがちです。「自分にできるはずがない」と決めつけてしまい、受験で失敗すればさらに「自己肯定感」を下げてしまいます。

このような子どもには、受験という大きな目標ではなく、「ほめる」「小さなことでもできたことを評価する」ことを心がけて、**子どもを認めることからスタート**してください。

すぐに結果が出るとは限りません。失敗をくり返しながら前に進むことになりますが、それに親自身が不満を持たないようにして、失敗の要因を分析し、次はどのようにするかを子どもに考えさせます。「また失敗した」ではなく、「次はうまくいくようにしよう」と思えること、そして、結果として小さな成功が経験できれば、親子で喜びを分かち合う。このような**小さな成功体験の積み重ね**が、子どもの「自己肯定感」を育んでいきます。

「自己肯定感」の低い子の受験勉強には、加点法を取り入れてみましょう。自分の欠点を知って間違いを見直すのではなく、0からスタートして小さな成功体験を加点していき、まずは自信をつけることが重要です。

テストでいい点がとれなくてお子さんが残念がっているなら、**一緒に残念がってあげましょう**。共感を持つことで、次もがんばってみようという気持ちになるものです。親も構えすぎず、子どもと一緒にがんばる、「自己肯定感」を保つ、というスタンスでうまく乗り切っていきましょう。

10歳ごろから日本の子どもの自己肯定感は急に下がるという傾向があります。親子で中学受験を考えることも多い時期なのですが、同時に子どもにとっては、挫折を体験しても、その**現実を深刻に受け止めることのできる年齢**でもあります。**子どもを鼓舞しすぎず、寄り添う気持ちで**乗り切っていきましょう。

子どもが勉強しないとき

勉強しない子に、勉強させることを目標とした指導をしても、意味がないことはおわかりいただけると思います。しかしどう対応したらよいかわからず、半ば感情的になり、「勉強しなさい！」と言っていないでしょうか？　そうすると子どもは勉強することよりも、親の感情に嫌悪感を持ってしまいます。

かといって、本人にまかせてはいつまでも勉強せず、親のストレスがたまる一方です。子どものことは極力気にしないで、**親自身が達成感のある生活をしている、日々楽しく生活をしていることを示す**など、親自身の「自己肯定感」を上げることを実践してみましょう。

そうすると、子どものよいところが見えてきます。**まったく勉強していないと思っていた子でも、意外と勉強している部分に気づく**ことができます。そのときに「へえー、こんなにできているとは知らなかった」「やるときはやるんだ」などと評価してみましょう。

子どもは「いきなりどうしたの？」と思うかもしれませんが、**悪い気はしません。**その後も同じように、親自身が目的を持って「自己肯定感」の高い生活をしていることを示すことで、結果として、子どもも「自己肯定感」を保ちながら勉強するようになっていると信じてください。

簡単なことではありませんし、すぐに結果が出るわけでもありません。しかし親子とも「自己肯定感」が低いようでは、欠点しか目につかず、解決法も見つかりません。遠回りのように思えても、直接子どもに言葉をかけるのではなく、**自分の行動**で示してみてはいかがでしょうか。

勉強で中だるみしているとき

そこそこ勉強ができる子でも、**長期の計画を立てることは苦手**です。また、目標を修正して新たに立て直すことも難しいでしょう。子どものペースを考えて**無理のない短期目標**を立ててみてください。

はたからは中だるみに見える状態が、本人は次の目標を見失っているときなのかもしれません。目標を見失っているのであれば、話し合って目標を立てましょう。

学習内容の目標を小刻みに決めて、それもできなければ、さらに小刻みにした目標で、小さな達成感の連続を感じることができるようにしましょう。

あるいは、心や体が疲れているのかもしれません。疲れているときも、親がその解決法を決めるのではなく、子どもの話を聞いてみましょう。**話を聞くだけで気分転換になる**ことがありますし、**疲れをとる具体的なヒント**がわかるかもしれません。

テストの点を気にせず上昇志向がまったくない

評価を気にしない子どもはいません。誰でも、よい評価は得たいものです。

「上昇志向がまったくない」というのは、親の主観ではないでしょうか。本人は、「勉強ではよい評価は得られない」「どうせ親からは評価してもらえない」などと、あきらめているのかもしれません。

点数が低ければ、低かった理由を子どもに聞いてみましょう。

「途中まではわかっていたけど、時間が足りなかった」「問題文の意味がわからなかった」「基本問題ならできたが、応用問題はできなかった」「気が散って、ほかのことを考えていた（集中できなかった）」など、実際にはいろいろな理由があるでしょう。

できた部分を評価して、次の目標を低めに設定するようにし、結果を急がないこと、平均点や日々の得点の変化に一喜一憂しないことです。平均点や、あらかじめ決めた目標の点数を目安にすると、勉強が苦手な子どもは「無理、無理」と最初からあきらめてしまいます。

得意教科がひとつしかない

得意な分野を伸ばして、苦手な分野の学習は最小限にとどめるというスタンスがよいでしょう。

将来の自立を考えてみてください。教科のほとんどの成績は、大人の世界では関係ありません。最低限の計算ができ、書類を読んで確認して会話ができればよいのです。収入を得ること、仕事をすることは、競争もあり、そう簡単ではありません。だからこそ、**得意な分野を、仕事や趣味に結び付けて伸ばしていくのが得策**です。

得意なことにあてる時間を削ってまで、苦手な分野を伸ばす努力をする必要はありません。現実問題として、まったくやらなくてよいわけではありませんが、最低限の知識を身につけるので十分です。得意なことを伸ばすために、苦手分野の知識が必要になったら、そのときに自主的に学習する気持ちの余裕を残しているほうがいいと思います。

努力しなくてもそこそこの成績。今はいいけど中学生になったらと思うと心配

そこそこの成績がとれていることを認めてあげましょう。「勉強しないでそこそこの成績がとれている」という子どもは、**時間の使い方が上手**なことが多いものです。

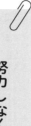

そしてそういう子は、勉強の時間をどこに持っていくのかを、**自分で決めています。**勉強を先に終わらせるパターンが多く、なかには学校で宿題を終わらせて帰宅しているということもあるかもしれません。

「今はいいけど」ということは、「将来を考えると勉強時間が短すぎる」という親の思いが強いのかもしれません。まずは塾や部活、友だちと過ごす時間など、**子どもの1日の時間の使い方を確認**してください。

勉強しないことをガミガミ言っても、子どもは反抗するばかりです。時間の使い方や勉強の方法について具体的にアドバイスするように心がけましょう。

親に将来のことを心配されるのは、思春期を迎える子どもにとって「よけいなお世話」となりがちです。**「子どもの人生は、子どもが決める」とある程度開き直ってください。**

ただし子どもがＳＯＳのサインを出してきたら、早目にアドバイスをして、**「親が見守ってくれる」という安心感**を子どもが持ち続けられるように努めてください。

「どうせ○○できっこないし……」と、何ごとも投げやり

子どもは大人の様子をよく観察しています。

親自身が「どうせ自分は」と思っていると、子どももそう思ってしまいます。親が変わることは簡単なことではありませんが、自分が変わることなく、子どもが変わるということはありません。

自分と子どもが一緒になって、「できるかもしれない」「今はできなくてもよいが、ここまではやってみよう」と発想を変えてみましょう。

子どもがあきらめてしまうようであれば、これならできそうだということを一緒に考えてみましょう。自分の育て方が間違っていたなどと否定的に考えるのではなく、先をみながら、**親と子どもが無理のないスピードで、一緒に考え方を変えていくという発想**を持ちましょう。

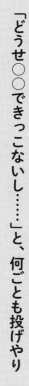

友だちの成績のことばかり気にする

親自身が、他人の評価を過剰に気にしていないでしょうか？

子どもはその様子を見ています。親の様子から、自信をなくしたり、嫉妬心を持ったりしますし、他者を見下した行動をとってしまうこともあります。

他者と比較することは避けられませんが、それに**振りまわされない自分**をもつことも、「自己肯定感」になります。

「他人は他人」「自分は自分」、**親自身が割り切る**ことから始まります。

他者との比較ができるのも、ひとつの能力です。他者の全体を目標とするのではなく、その人の一部分を目標にするなど、他者との比較や評価にとらわれすぎないように心がけてください。

好き嫌いが激しく、嫌いな先生の授業は聞いていていない

嫌いな先生や、好きな先生の特徴を本人に聞いてみましょう。**なるほどと思えることが**きっとあるはずです。

相性が悪い先生の授業は聞きたくなくなるものです。その先生に頼るよりも、塾や家庭教師、自習など**ほかの方法でその教科を習得**すると考えたほうがよいかもしれません。合わない人に合わせざるをえないのは、誰でもつらいことです。

教科そのものが嫌いであれば、最低限の目標を決めて、174ページでお話しした、得意な分野でカバーすることを目指しましょう。将来自分が仕事をする、社会生活をするうえで必要になることが出てくるかもしれませんが、そのときに改めてチャレンジするということでよいと思います。

第7章

生活習慣のなかにひそむ地雷を踏まない方法

住環境

子どもスペースの作り方。リビング学習は？

近年、リビングで学習することが注目されています。その理由は、「リビング学習で学力が上がる。勉強が好きになる」「できる子の多くはリビングで勉強している」などといわれるようになったからです。

たしかに、**親の目が届き、子どもも安心して勉強できる**のでいいかもしれません。「ここを教えて」と聞かれたらすぐにサポートができますし、子どもとコミュニケーションがとれます。そういう意味で、「自己肯定感」が上がっていくことは予想されます。

ところが親のかかわり方によっては、「自己肯定感」が下がってしまうこともあります。リビング学習では親が子どもの生活習慣を確認しやすい反面、多くの指示をすることで、子どもに受動的な体験を増やしてしまうことがあります。子どもにまかせる気持ちをもってかかわるよう意識しましょう。

〈事例〉
Nさん
（小学3年生の母親）

Nさんは子どもがリビングで勉強するようになって、張り切っていました。しかし小学３年生の子どもは、宿題になかなか取りかからず、何度も叱られてようやくやり始めます。親が買ってきた問題集もたまる一方でした。Nさんは、子どもの行動をいちいちチェックし、否定的な言葉ばかりかけていたのです。

こうなると、リビング学習をあきらめて子ども部屋で学習させようとしても、子ども部屋が親の監視から逃れる場所になるだけで、勉強の効率は上がりません。

Nさんには、どこで学習しようと、子どもの意思はできるだけ尊重するようにして、まずは、否定的な言葉がけ、指示をできるだけ減らすことから、再度チャレンジしてもらうことにしました。

「勉強は子ども部屋で、休憩はリビングで」などと決める必要はありません。**子どもにとって学習しやすい場所・環境**で行うのがもっとも効率がいいのです。リビングが学習に適している家庭も多いでしょうが、ケースバイケースです。

学習に限らず、遊びや休憩、就寝なども、子ども部屋でと決めつける必要はありません。子ども部屋は、家庭のなかで「ひとりの時間を確保する場所」という意味があります。家の広さや家族構成などもふまえて、よりお子さんや家族が家庭でくつろげる環境を作ってください。

住環境で「自己肯定感」を下げないポイントは、禁止事項が少なく、叱られることが少なくなるように工夫されていることです。

きれいに片づいた素敵なインテリアのため散らかすと叱られてしまう、階下の住人から騒音の苦情があるので足音を立てると叱られてばかりいるのも、「自己肯定感」という観点からはよくありません。

部屋におもちゃや物がたくさん散らかっていると、「片づけなさい！」「だらしないんだから！」と叱りつけたくもなるでしょう。親だってイライラしてしまいますが、子どもは叱られることが多いと「自己肯定感」が下がってしまいます。

おもちゃを部屋じゅうに出して遊んでいても、あるタイミングでサッと片づけることができる「片づけやすい収納」になっていれば、親もあまり叱らずにすみます。

片づけやすい収納とは、物をしまう場所が決まっていること、子どもでも戻しやすい場所や動線であること、物の量が多すぎないことです。絵などでラベリングしてあれば、子どもでも入れる場所がわかりやすいでしょう。

たいへんだとは思いますが、子どもは散らかすのが当たり前と思って、収納などを工夫することで、**少しでも叱る回数を減らしてください。**

収納方法を考えるとき、**子どもの生活動線**をよく考えることが大事です。

たとえば、ランドセルの置き場所が玄関から遠いと、学校から帰ってきた子どもは面倒ですから、玄関先に置いてしまいます。でもランドセルを置くスペースが玄関の近くにあれば、戻すのは容易です。

子どもが片づけたら、「片づけられたね」「きれいになって、気持ちがいいね」などと**ポジティブな言葉**をかけてください。子どもは達成感を感じて気分がよくなり、

「自己肯定感」が上がります。

子どもが作った「作品」の類を処分していいのか、迷う方もいらっしゃると思います。子どもは自分の作品を飾ってもらうと喜びますが、どんどん増える作品を全部飾るわけにはいきません。とはいえ、勝手に捨てられてしまったら、ガッカリしてしまうかもしれません。

そんなときは、**子どもの作品コーナー**を作って飾るのはいかがでしょうか。作品はどんどん増えますので、**新しいものに替えるのは、子どもにまかせる**といいでしょう。自分が作ったものに執着しないタイプの子どももいますし、インテリアにこだわりがある親もいますので、子どもの話をよく聞いて、**親子で話し合いながら**決めていきましょう。

ポイント

- リビング学習は子どもの生活習慣を親が確認しやすい反面、親が多くの指示をすると、子どもに受動的な体験を増やし、「自己肯定感」を下げてしまう。
- どこで学習しようと、子どもの意思はできるだけ尊重すること。
- 子ども部屋を「勉強部屋」と考える必要はない。学習は本人がもっともやりやすい場所でやるのがよい。
- 子ども部屋は、家庭の中で、「子どもの１人の時間を確保する場所」である。従って、学習に限らず、遊びや休憩、就寝なども「子ども部屋」で、と決めつける必要はない。

睡眠 あくびがサイン。園、学校での昼間の様子を確認しよう

日本の子どもたちは、韓国と並んで世界でもっとも睡眠時間が短いことが報告されています。

体調管理のなかでも、とくに睡眠は、子どもの健康維持や脳の発育に大きく影響を及ぼします。十分な睡眠がとれないと、脳の情報処理機能が低下するばかりでなく、成長ホルモンや抗利尿ホルモンなどの、ホルモン分泌にも影響を及ぼすことが知られています。

医学的には、小学校高学年で9時間半、高校生でも8時間強の睡眠時間が必要とされています。日本の子どもは小学校高学年で30分以上、高校生では1時間以上不足していると考えられます。

子どもに必要な標準睡眠時間

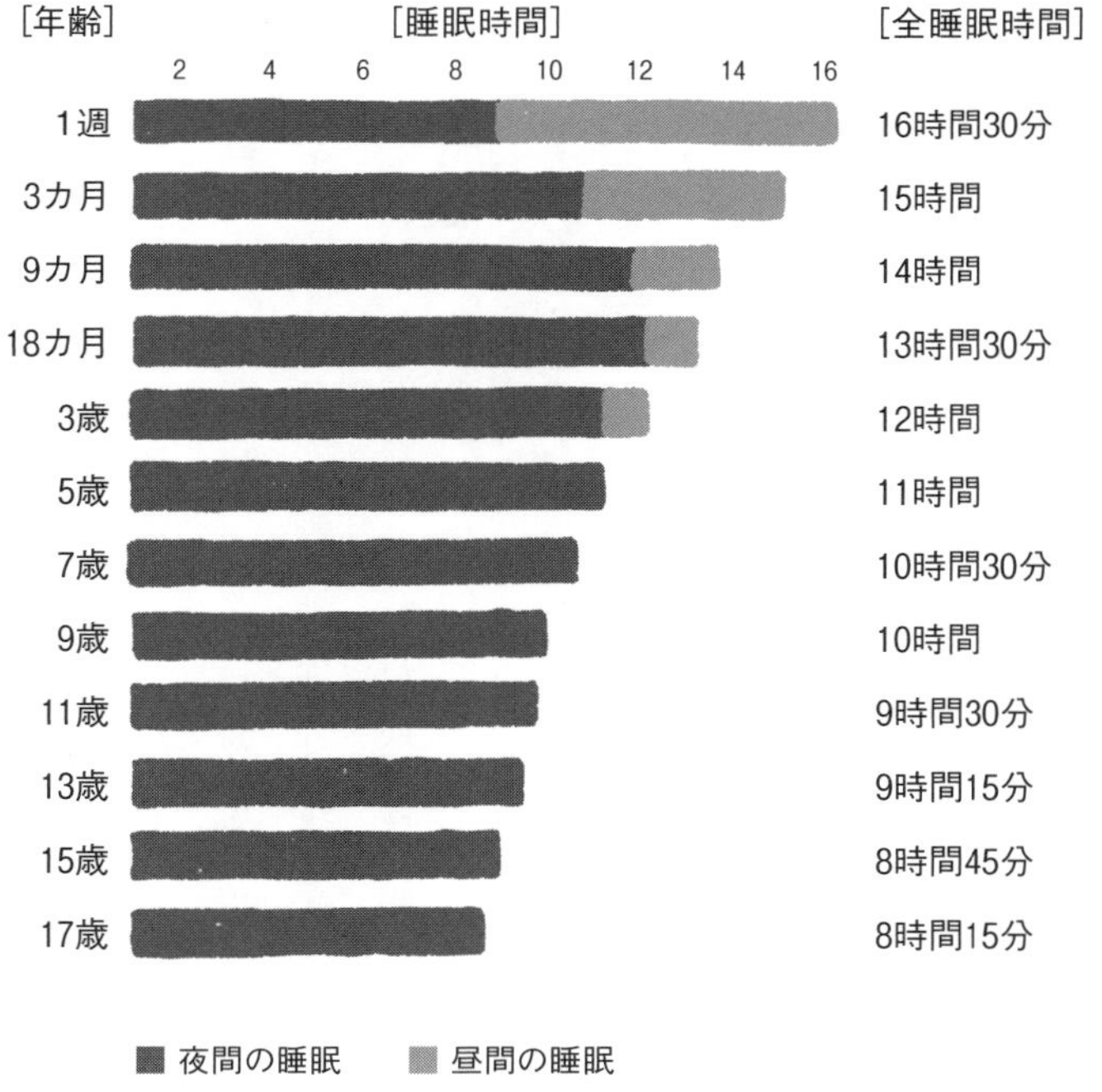

「自己肯定感」と睡眠時間にも関係があります。

私たちが行った睡眠時間とＱＯＬ（生活満足度）の関連性についての調査では、睡眠時間が短いとＱＯＬや「自己肯定感」が低くなるということがわかりました。

小学生の睡眠時間を「8時間以上」「7・5時間未満以下」の2群に分けて比較すると、睡眠時間が短い群は、生活全般の満足度、身体的健康、自尊感情、学校生活の領域で得点が低くなっていました。とくに自尊感情は、睡眠時間が短いと、はっきり得点が低くなっていました。

睡眠を十分にとっている子どものほうが、睡眠が足りない子どもよりも生活の質が高く、「自己肯定感」も高かったのです。

夜更かしをして、朝はなかなか起きられず、出かける用意が進まないと「早くしなさい！」と親から急かされてしまいます。毎朝追い立てる親もたいへんですが、子どもにしても、朝から急かされ、注意されてばかりではいい気分ではないでしょう。

とはいえ、両親とも仕事をしていると、夜の時間が押してしまうのはやむを得ません。また、塾に通っていたり、学校の宿題がたくさん出されていたりして、寝るのが深夜になる小学生が増えています。すると、睡眠時間が短くなってしまいます。

睡眠時間を確保しようとするときは、早く寝かせることから始めるのではなく、早起きから始めましょう。早起きをすると夜疲れて眠くなります。仮に夜眠れなくても翌朝早起きをする。すると当日夜は眠くなり早寝をする……。もちろん、そう簡単にはいかないかもしれません。**焦らないで**、やってみてください。

また、早寝早起きが原則ではありますが、思春期になると一般に早起き自体が苦手になります。加えて部活、宿題、そしてゲームやネットなどの自由時間を確保するとどうしても就寝時間が遅くなり、ますます起きられなくなります。

こういう場合、絶対に決められた時間に起きなければいけないということではありません。睡眠時間を確保するために、例外的に30分程度を限度に、起床時間を遅くして遅刻を許容することもやむを得ない状況もあるでしょう。その場合も**朝食はとるほうが賢明**です。週末に「寝だめ」をすることは睡眠習慣を崩してしまいますので、**その日のうちに調節**してください。

午前中から、居眠りや体の不調を訴えるような子どもがいたら、睡眠不足が疑われますので、就寝時間や睡眠時間を確かめてください。

子どもの睡眠障害は決してまれではありません。寝つきが悪い、いくら寝ても眠気が残る、昼間の眠気が強い、夜中に目が覚めて眠れない……。このようなことがありましたら、小児科で一度相談してみてください。

ポイント

- 日本の子どもは世界の中でも目立って睡眠時間が短い。まずは睡眠時間を確保すること。
- 睡眠時間が短いと、ＱＯＬ（生活満足度）や「自己肯定感」が低くなる。
- 早寝、早起きが原則であるが、思春期は一般に早起きが苦手である。
- 睡眠時間にかかわらず、寝不足感が強い場合は、医療機関に相談すること。

食事

家族と食卓を囲むことが「自己肯定感」を育む

毎日の食事は、体の成長に必要な栄養を摂取するだけではなく、子どもの心を成長させる重要な役割があります。子どもは、見た目以上に多くのエネルギーを必要とします。幼稚園児ではおよそ１３００〜１５００キロカロリー、小学３年生で大人とほぼ同じで、それ以降は成人よりも多くの熱量を必要とします。朝起きられないからといって朝食を抜くと、１日２食でカバーすることになりますが、栄養上も心の成長という面からも好ましくありません。

子どもは食卓での家族との温かいかかわりを通して、自分は家族の一員であること、守られながら愛されていることを感じます。直接の関係は不明ですが、私たちの調査では、**毎日必ず朝食をとる子どものほうが「自己肯定感」が高い**という結果が得られています。

料理は、栄養バランスをよく考えた、親の愛情を感じる手料理に越したことはありませんが、手の込んだ料理を作らなければとストレスになるようでしたら、その必要はないと思います。忙しければ、スーパーで買ってきたお惣菜や、ファストフードでも十分です。**1日3食を食べていれば、内容はそれほど気にしなくてOK！**くらいの気持ちで、ゆったりと構えていましょう。

食事をしながら家族とコミュニケーションをとる経験は、**子どものなかに「家族とのつながり」として記憶に残ります。**ぜひ家族との楽しい食事をたくさん経験させてあげてください。

料理が食卓に並べられ、それを味わって満足感を感じたときに**「愛され、大切にされている自分」を実感**して、「自己肯定感」を高めることができます。

しかし、現代社会では、親の仕事の都合や子ども自身の塾通いなどで、家族が一緒に食卓を囲むことが難しくなっています。ひとりで食事をしている子どもも多くいます。仕方がないのかもしれませんが、朝食だけでも、週1回でもいいので、**家族とともに過ごす食事の機会**を設けるように心がけてください。食事がたんに「食物を食べること」ではなく、団らんの場となるように。またそのときは、**勉強の話や小言は極力避けてください。**

ポイント

- 子どもが食事でとる必要のあるエネルギーは、幼稚園児では１３００〜１５００キロカロリー、小学３年生で大人とほぼ同じ。
- ３食とることが原則。
- 食事の内容は過度にこだわらなくてもよい。こだわると親も子どももリラックスできなくなる。
- 家族と食卓を囲むことが「自己肯定感」を育む。食事がたんに「食物を食べること」ではなく、団らんの場となるように心がける。

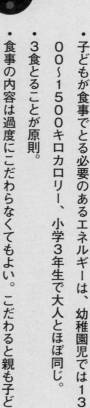

習い事

習い事が多すぎる「教育虐待」に注意！幼児でも本人の意思を確認

最近、「教育虐待」という言葉を新聞や書籍で見かけるようになりました。新聞で取り上げられた事件は極端で、虐待なんて遠い世界のことのように思われるかもしれませんが、身近な問題です。

幼児期から習い事をさせているご家庭は多いでしょう。子どもの将来を考えて少しでもよい能力を早期に伸ばしてあげたいという親心だと思います。

しかし、本来であればスキンシップや親との一対一のかかわりを持ちたい時期です。また自由に体を動かして遊びたい時期に、早期教育という名目で、そのような環境を提供してもらえないことは、子どもにとっては強いストレスになることがあります。

子どもの発達段階を無視した親の教育の押しつけは、子どもに苦痛を与えることがあります。幼児でなくても、子どもの意思にかかわらず習い事をさせている「教育虐待」と思われるケースが散見されます。

教育虐待とは、教育を理由に親子の関係が一方的であり、親が子どもの人権を考えずに権力をふりまわしている状態です。心理的虐待と捉えることもできます。

親は周囲には「子どものため」と振る舞いながらも、子どもの成績や他者からの評価を過剰に気にして、子どもの利益よりも自分自身の不安解消を優先しています。さらに問題なのは、「教育」という言葉が、親の善意として捉えられて、被害者である子ども自身が「自分が悪い」「自分の努力不足」と思い込むことです。

暴言を吐く、できなければ理由のいかんにかかわらず反省文を書かせる、一方的に罰則を決めるなども、教育虐待にあたります。

幼児であっても本人の意思を、その都度確認することが必要です。子どもへの期待が強すぎるというだけではなく、親自身が子どもの人生に自分自身の満たされないものを投影して、子どもを支配し束縛するという関係が生じることがあります。

小さな子どもにとって親は唯一の頼れる存在、なくてはならない存在ですから、小さいうちから親の期待に応えようとして共依存関係に陥ります。そして気づいたときには子ども自身が自分の人生を生きることができなくなってしまうのです。

〈事例〉
O君
（中学生）

中学生のO君は、親と同じ私立の有名大学を目指しています。

むしろ両親のほうが一生懸命です。塾への送迎や、弁当の準備など、両親も自分の時間を削って協力しているのですが、模擬試験の成績が悪いとO君を叱責し、家庭での時間の過ごし方にも細かく指示をします。友だちからの連絡もひとつひとつ確認するなどの過剰な親の干渉から、O君はチックの症状が出現するようになりました。

O君は「家庭でつねに監視されているようだ」と語りました。一方でO君の両親は、チックが受験に影響しないように、必要があれば薬で治してほしいと訴えました。O君の両親も、自身が子どものときには同じような干渉を親から受けていましたが、自分たちが親になると、自分の体験をO君に再びくり返しているということに気づいていないようです。

両親には、チック症状は周囲が気にしすぎると出やすくなる、今は薬の治療は必要ない、O君に過剰に注目しないようにしてください、と説明しました。それ以降、O君は受診していませんが、親子関係が多少なりとも改善していればと願っています。

ポイント

- 教育虐待とは、子どもの意思にかかわらず、親が有害な教育行為を施すことである。
- 子どもの忍耐限度を超えて学習させる、進路や成績に過剰に干渉することも、教育虐待に該当することだといえる。
- 暴言を吐く、できなければ理由のいかんにかかわらず反省文を書かせる、一方的に罰則を決める、なども教育虐待行為である。
- 親自身も教育虐待を受けていて、子どもへの対応がわからないこともある。子どもの意思を確認すること。

宿題
できない量の宿題には「NO」を伝えるのもOK

「宿題があるのにゲームをしている」「宿題がたくさん出て寝る時間がなくなってしまう」など、宿題のことで困っている親の悩みをよく聞きます。

たくさんの宿題が出ても難なく片づけてしまう子どもはいいでしょう。ですが、毎日出される宿題のことで苦労して、親にも叱り続けられているとしたら、子どもの「自己肯定感」は下がる一方です。そもそも、宿題は何のためにあるのでしょうか。宿題の目的は、子どもの学力を高めるためであり、学習習慣を身につけるためです。

宿題が簡単すぎてやる必要のない一部の子どものなかには、不満を口にして親や教師とトラブルになるよりは、手際よく済ませて自分のやりたいことをやる子もいます。このような子は、学習の習慣も身についていますので、宿題は不要でしょう。

学校でわからないところを家に持ち帰って学習し直す場合は、かなりの労力を要しますし、学習の習慣が身につくということではなく、受け身のつらい体験となってしまいます。30人から40人が授業で同じ内容を学ぶと、簡単すぎる子も難しくてわからない子もいます。習熟度別に分ける取り組みもありますが、まずは、学校の授業で、それぞれの子どもが効率的に学べるようにできればと願っています。

子どもがやりきれない量の宿題を毎日こなすのは、無理があると考えています。多すぎる宿題を毎日出されてしまうと、睡眠時間を削らなければなりません。そのうえ、いつまでもやらない子どもにイライラした親から、毎晩叱りつけられてしまうと、勉強が「苦行」になりかねません。学習の習慣が身につくどころか逆効果です。

私たちのQOL（生活満足度）調査では、海外の国と比較して、日本の子どもの自尊感情の低さだけでなく、学校生活の不満が多いこともその特徴でした。日本の子どもが成績を過剰に気にしていることと、宿題の負担が絡んでいると考えています。

現実的**に宿題のことで睡眠時間が削られ、我が子に合っていないと思われたら、先生に相談**してみるのもいいでしょう。先生によっては、個別に量を減らしてもらえることもあります。

私は、**家でゆっくりくつろいで、自由に時間を使って考えることのほうが、宿題より大事**だと思っています。本人が「自主的」に、いつどのような学習をしようかなどと考えられる環境が必要です。

ポイント

- できない量の宿題、理解ができていることを単純にくり返すなど不必要な宿題は、学校に「NO」と伝えることも必要。
- 宿題がない＝学校外の学習が不要ということではなく、学校外の生活のなかで、どのように学習内容と時間を確保するのか、本人が「自主的」に考えることのできる環境を作る。

学校 厳しすぎる先生から身を守る方法

担任の先生によって、子どもの学校生活は大きな影響を受けます。ことに小学生ですと、担任の先生と1日中接しているのですから、先生との相性は大きな問題になるでしょう。子どもにとって楽しく、学習環境も良好に確保される先生でしたら、学習面はもとより心の成長にとってもよい影響を与えます。

さまざまなタイプの先生がいますが、なかには厳しすぎる先生もいます。たとえ厳しくても、子どもとの関係がよく子どもに慕われる先生で、クラスが荒れていない居心地のいい状況でしたら、問題はありません。

問題は、威圧的で子どもが怯《おび》えるほど厳しく、言うことを聞かないと叱るなどする支配的な先生です。先生からの言動によって、子どもが元気をなくしたり、家で荒れたりすることもあります。

日本での児童虐待は、「養育者とその子ども」に対して用いられますが、英語で児童虐待を意味するchild abuseという言葉は、対象を親子に限定していません。その意味では、教育虐待は保護者と子どもだけの関係ではなく、教師と子どもの間でも生じます。

大学生であれば「ハラスメント」という言葉を用いますが、強い立場の人（教師）が、弱い立場の人（学生）に不当な権力を振りかざす行為をいいます。教育や成績評価が隠れ蓑《みの》になっていることもあります。また、あからさまに子どもの扱いに差をつける行為は、ハラスメントであり心理的虐待にあたります。

子どもが学校から帰ってきて**荒れていたり様子がおかしかったりしたら、話を聞いてあげてください。**宿題をやりなさいと言う前に、おやつを出して、ゆっくりさせてあげましょう。**子どもが話してくれるようだったら、不安な気持ちを吐き出させてあげる**といいと思います。

子どもに身体疾患や発達障害など、あらかじめ配慮してほしいことがあれば、学校に申し出ておきましょう。隠しておいてもいいことはありません。そのうえで子どもの様子や話から、先生に問題があると感じたら、親の立場で直接質問をしてみてください。それでも改善しなければ、主任、副校長、校長と話をしてください。

ただし、学校は「ブラック企業」と揶揄《やゆ》されるほど、教師の勤務時間も長くゆとりがありません。学校管理職の考え方しだいで、問題が解決することも、こじれることもあります。**あまり長い時間をおかずに、**「おかしい」と思ったら、そのことをメモして、**教育委員会に相談することも検討してください。**

話し合いに長い時間をかけても進展がみられないと、お互いに疲弊し、不信感も強くなり、なにより子どもにとって好ましくありません。**膠着《こうちゃく》状態であれば、医療機関、福祉機関、司法機関などへ相談**してみることをおすすめします。

ポイント

- 厳しすぎる教師には、教育虐待の可能性もある。
- 特定の子どもにだけ厳しすぎることは、ハラスメントの可能性もある。
- 身体疾患や発達障害など、あらかじめ配慮をしてほしいことは、学校に申し出ること。
・教師も、授業の準備や保護者対応で多忙を極めている。話し合いに長い時間をかけるのはお互いに疲弊し、より解決が困難になる。
・担任の理解が乏しければ、学校管理者、教育委員会や、それでもダメなら司法機関などの教育機関外に相談することも検討する。

遊び時間

へんなことをしていても、手出し口出ししないで見守るメリット

子どもは、大人から見て無駄なことをしているとき、目がいきいきしています。

子どもが子どもでいられる時間です。子どもの時間をいかにたくさん体験するかで、子どもの意欲ややる気に差が出てきますし、積み重ねによって「自己肯定感」が育っ

てきます。

子どもがやりたいことをしているときに、口やかましく注意されたり口出しされたりすると「自己肯定感」が下がってしまいます。**多少のことは目をつぶって、好きなこと、やりたいことを思い切りさせてあげたい**ものです。子どもは、自発的な遊びのなかでルールを身に付けていくのです。

子どもがしていいことと、してはいけないことを教えることも必要ですから、当然禁止事項もあります。まず危険行為です。**火遊びや刃物を使う、人を突き落とすなど人に危害を加える行為は、生命の危険につながりますので厳しく叱る**ことです。

バッタをちぎったり、トンボの羽をむしったりなど、昆虫や魚類の解剖は、許される範囲です。ただし**哺乳類・鳥類（あるいは爬虫類まで）を傷つける行為は、動物愛護の観点から禁止**してください。それ以外でも、他者が飼育している生き物を傷つけることはできません。動物いじめは、しばしば背景に、家族や他者からの暴力がありま す。このようなときは、たんに動物いじめを止めるだけでなく、子どもの様子に注意してください。

また、無駄遣いについて叱る親は多いものです。

トイレットペーパーを盛大に巻き取る行為は、子どもは大好きですし一度はやってみたいことなのでしょう。絵の具を大量に出してしまうのは、親からすれば「もったいない！」と思われることもあると思います。

たしかに無駄遣いかもしれませんが、経験しないとわからないことがあります。一度やったら満足して気が済むこともあります。こちらの条件に合うところで思い切ってやらせてみませんか。**子どもの独創性を伸ばしていくこと**にもなるでしょう。

遊んだ後の片づけについても、あまり細かく叱ると、「自己肯定感」を下げてしまいます。片づけしやすいようにおもちゃや物を少なくし、片づけやすい環境を整えることです。

本人が「汚くていや」「がまんの限界」となれば片づけることもあります。たまにであっても、片づけていたらほめていくことで、片づけるように仕向ける工夫をしてみましょう。

注意されることが多いと、「自己肯定感」が下がってしまいます。**大目に見ることが子育ての期間には重要**なことです。

ポイント

- 子どもは、自発的な遊びの中でルールを身に付けていく。
- 火遊び、刃物を使う、人を突き落とすなどの生命に関わる危険行為は、厳しく叱る。
- トイレットペーパーを大量に巻き取るなどの無駄遣いは、子どもの独創性を育むと思う寛大さも時に必要。

スマホ、タブレット

「自己肯定感」が高いと管理できるようになる

ゲームやネットに過剰に集中するあまり「よく考えないで行動する」習慣のついた子どもは、自分自身を客観的にみることができず、「自己肯定感」が低くなります。

生まれたときからスマホやタブレットに接している「デジタルネイティブ世代」と言われる子どもたちにとって、それらはごく当たり前のツールです。デジタルネイティブ世代がこうした機器を使いこなす能力は高く、これからの時代には**欠かせないツールとして上手につき合っていくことは必要**でしょう。

低年齢からスマホやタブレットに接することで、どのような影響があるのかは、十分なデータがそろっているわけではありません。

最近の報道では、

❶２０１９年５月にＷＨＯ（世界保健機関）が、ゲーム障害を精神疾患と認めた。

❷２０１７年の厚生労働省の調査では、中高生の約14％にインターネットの病的な使用があると報告された。小学生を対象にした大規模な調査はないが、よりその割合は高いと推測されている。

などです。

脳の発達を考えると、低年齢で開始するほど依存になりやすい可能性があると考えられています。

このように普及してくると、子どもは「うちだけ買ってもらえない」「みんな持ってるのに」と反発し、そのやりとりで「自己肯定感」が下がってしまいかねません。いずれも親が判断をすることになりますが、**本人が欲しいと言っている場合は、与えざるを得ない**でしょう。

スマホやタブレットを使いこなせるようになるとよい影響もありますが、利用時間が長いと中毒のようになり、そのことでほかの遊びや読書、運動などの時間が減ってしまえば問題が生じてきます。**あらかじめ使い方を決めておき、利用の仕方については子どもとよく話し合う**ことです。

子どもにスマホを与えたら、使い方をよく観察して、のめり込むタイプの子にはコントロールをすることが必要でしょう。

東北大学の川島隆太教授の「スマホと学力」についての研究によると、小中学生のどんな児童・生徒であれ、スマホを使用し始めると成績が低下していることがわかりました。スマホを使っていない、または以前使用していたが使用を中止した生徒らは、成績が上がる傾向があったそうです。スマホを長時間使用する子どもは長時間学習の時間をとったとしても成績が上がらない、という調査結果を、英文科学雑誌（*Human*

Brain Mapping）に報告しています。

また、スマホの使用を開始しても1日の使用時間を1時間未満に抑えることができる生徒は、成績が低下しないという結果が出たそうです。スマホやタブレットに**のめり込むのではなく、自己コントロールできることが大切**だといえます。

「自己肯定感」が高い子どもは自己コントロールができるので、勉強や趣味、遊びとのバランスをとってスマホやタブレットとつき合っていけるといえます。

長時間のテレビゲームや動画視聴などが子どもの発達によくない、攻撃的な番組を見ると子どもの攻撃性が強くなる、などの報告が2000年ころに多く出されています。ゲームを長時間していると視力に悪い、運動しなくなるなど副次的な問題もいろいろ生じてきます。「自己肯定感」が低くゲームに依存する、そのことを親に叱責されるなどの悪循環もあります。

スマホやタブレットが急激に普及するに伴い、狭い画面で、ゲームだけでなく、動画の視聴や、勉強のツール（大学生はレポートも作成しています）などを長時間使用することが当たり前になってきました。それぞれの影響について十分なデータが得られていないのですが、より強い影響を危惧する意見も少なくありません。

スマホにはＬＩＮＥなどメッセージのやりとりを行うもの、動画、ゲーム、情報検索など多くのアプリがあります。そのなかでも、ＳＮＳでのメッセージのやりとりで、同時双方向性のあるものは休みなく長時間行いがちです。ほかにやりたいことや、勉強などのやるべきことがあっても、脳がそれを実行できる状況になりません。

私たちは、机の上が散らかった状態では、仕事を始めることができません。まずは片づけをして、仕事を行う準備をします。スマホを長時間使用すると、情報が入り続けていき、脳の中が「情報で散らかった状態」になります。これでは、別のことを集中して行うこともできないのです。

パソコンとスマホの違いについても十分な知見があるわけではありませんが、スマホは片目で集中して見ていると指摘されています。短時間で一方的に過剰な情報が入ることで、脳自体も疲弊しているのではないかと推測されています。

私も長時間パソコンを使用することがありますが、疲れたら短時間でも休息をとり、連続で使用しないように留意しています。スマホは、持ち歩くことも簡単で、ほかのことをしながら使い続けることも可能です。これからいろいろな報告が出てくると予想されますが、**スマホの使い方や使用時間については、大人も含めて、より問題意識を共有していただきたい**と思います。

ここ10年でスマホはどんどん進化をとげて高機能になりました。電車に乗っても、ほとんどの人がスマホを触っており、同じ時間、空間を共有しているという意識は乏しいようです。スマホと「自己肯定感」については、最近の研究データを見るにつけ、危機感を覚えています。「自己肯定感」を保つには使いすぎないようにすればいいのか、あるいは「自己肯定感」が低いから過剰に使ってしまうのか、これからの重要な課題であると考えています。

ポイント

- ゲーム障害は、WHO（世界保健機関）が2019年に精神疾患として認定している。
- 2017年の厚生労働省の調査では、中高生の約14％にインターネットの病的な使用が指摘されている。
- 脳の発達を考えると、低年齢ほど依存になりやすい可能性がある。

- 「自己肯定感」が高いとスマホの使用を管理できるようになる。
- スマホの場合は、１日１時間程度の使用とする。難しければ、休息をとる。ＰＣなど広い画面のものを使用することも検討する。

おわりに

私が「自己肯定感」に興味を持ったのは、子どものＱＯＬ（Quality Of Life）＝クオリティ・オブ・ライフの研究結果をまとめた２０００年ごろからです。日本語では「生活の質、生活満足度」と訳され、心身の健康だけでなく、その人の生活すべての要素が充実しているかどうかの指標となります。ドイツの研究者によって開発された「Ｋｉｄ－ＫＩＮＤＬ」という尺度を、原作者の許可をとって私たちが日本語に翻訳し、小学生、中高生版ＱＯＬ尺度として調査しました。

簡単に尺度の説明をいたしましょう。

この尺度では子どものＱＯＬを６つの領域（身体的健康、精神的健康、「自尊感情」、家族、友だち、学校生活）から構成しており、それぞれ４つの質問があります。子どもたち自身で各質問について５段階評価で答えます。それを０～１００の指数化して検討しました。日本国内では、地域や学校種別のかたよりをなくして広く調査を行いました。

結果を分析すると、日本の子どものQOLに大きく関係するのが「自尊感情」であることがわかってきました。大きな特徴として、日本の子どもたちの「自尊感情」は、小学3〜4年生（10歳ごろ）から急に低下することが明らかとなりました。

この結果について、子どものうつ病の研究を長年続けている村田豊久先生からは、「臨床で経験している子どもの抑うつ状態が強くなる時期と一致して、大変重要な結果だと思う」という指摘をいただきました。「自尊感情」は子どものメンタルヘルスとも関連しており、それを知りうる指標となるということです。

ユニセフの幸福度調査（2007年）で、幸福度のもっとも高い国のひとつであるオランダと日本を比較しました。

オランダの子どもも10歳ぐらいで「自尊感情」の数値が低下する傾向がありますが、思春期以降はあまり低くならないという結果でした。同じ調査が行われているほかの国のデータを見ても、日本ほど急激に低下している国はありません。これらの結果について詳しく知りたい方は、拙著『日本の子どもの自尊感情はなぜ低いのか』（光文社新書　2009年）をお読みいただければと思います。

QOL尺度を構成する6領域

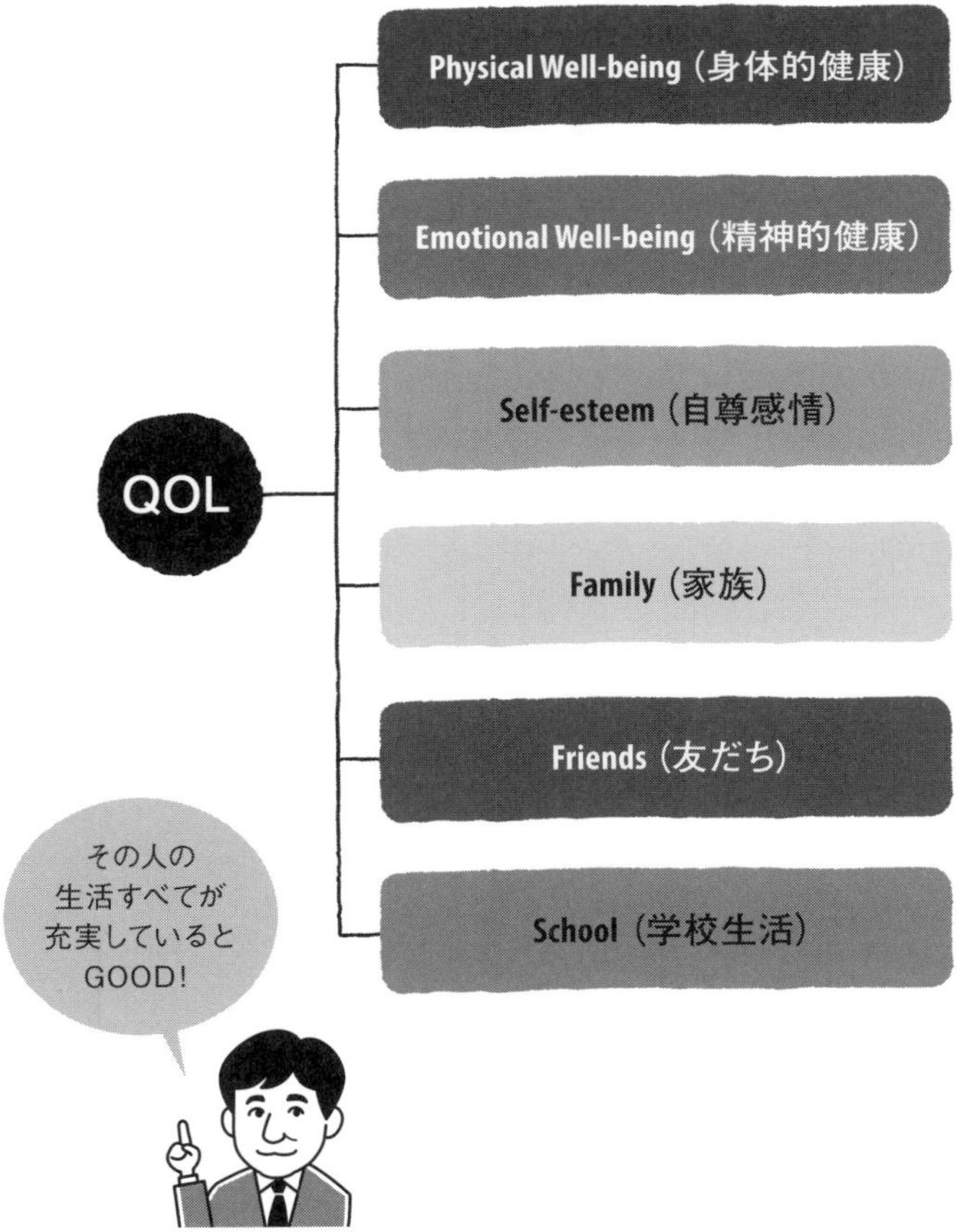

この比較から約10年たち、その後もいろいろな調査が行われていますが、日本の子どもの「自己肯定感」の低さについて改善されているとはまったく思えません。私の外来で診察している小・中・高校生にも、「自己肯定感」が低い子が多いといえます。

ことに中・高生の「自己肯定感」の低さは国際的にみても顕著です。「私は価値のある人間だと思う」と答える若者が、アメリカの57・2%、中国の42・2%、韓国の20・2%に対し、日本には7・5%しかいないのです。(「高校生の心と体の健康に関する意識調査」国立青少年教育振興機構2011年より)

安定した「自己肯定感」を持つことは、さまざまな環境の変化に対応できて、「あと伸びする子」ともいえます。大人になって、世の中に適応する力が強いこともわかってきました。

まずは親自身も「自己肯定感」が高まるような生活を目指してみましょう。完ぺきでなくてもかまいません。子どもの脳をよりよく育てたいという気持ちを持っている時点で、親として正解です。人から言われる「いい親」を目指すのではなく、ありのままの姿で子どもに愛情を持って接することができるように、無理をせず、楽な気持ちを持つことです。

最後になりましたが、本書の企画から、執筆・最終確認まで、ダイヤモンド社の中村直子さんと、NPO法人JAMネットワーク代表の高取しづかさんにはたいへんお世話になりました。高取さんは、「ことばのチカラで自立しよう！」を使命に、全国の親子を対象に「ことばキャンプ」という活動をしておられます。その活動で子どもの「自己肯定感」の育成に努めるなか得られたという、多くの知見を教えていただきました。おふたりの尽力がなければ、この書籍は出来上がらなかったことでしょう。ここに厚くお礼を申し上げます。

２０１９年12月
クリスマスツリーの点灯する青山キャンパスを眺めながら

古荘純一

［著者］
古荘純一（ふるしょう・じゅんいち）
1984年昭和大学医学部卒業、88年大学院修了、90年医学博士（小児科学）取得。98年昭和大学小児科学教室講師、2002年より青山学院大学文学部教育学科助教授、07年同教授、09年より青山学院大学教育人間科学部教授（学部改組）。
専門は小児精神医学、小児神経学、てんかん学など。03年日本小児科学会イーライリリー海外研修フェローシップ受賞。現在、主な役職に、日本小児精神神経学会常務理事、日本発達障害連盟理事、日本小児科学会用語委員長など。
おもな著書に、『「いい親」をやめるとラクになる』（青春新書2019年）、『子どもの精神保健テキスト　改定第2版』（診断と治療社2019年）、『発達障害サポート入門』（教文館2018年）、『発達障害とはなにか　誤解をとく』（朝日新聞出版2016年）、『教育虐待・教育ネグレクト』（共著、光文社新書2015年）、『子どものQOL尺度：その理解と活用』（編著、診断と治療社2014年）、『日本の子どもの自尊感情はなぜ低いのか』（光文社新書2009年）など。そのほか、雑誌、機関誌の編集や、一般向けの著書、学術論文なども多数ある。

自己肯定感で子どもが伸びる
——12歳までの心と脳の育て方

2020年1月29日　第1刷発行

著　者———古荘純一
発行所———ダイヤモンド社
〒150-8409　東京都渋谷区神宮前6-12-17
http://www.diamond.co.jp/
電話／03･5778･7227（編集）　03･5778･7240（販売）
装丁・本文デザイン—轡田昭彦+坪井朋子
構成————高取しづか
校正————鈴木由香
製作進行———ダイヤモンド・グラフィック社
印刷————八光印刷（本文）・加藤文明社（カバー）
製本————加藤製本
編集担当———中村直子

ISBN 978-4-478-10963-2